Margot D. Kreuzer

Heilige und Hure -

die beiden Seiten weiblicher Sexualität

Bibliografische Information der Deutschen Nationalbibliothek
Die Deutsche Nationalbibliothek verzeichnet diese Publikation in der
Deutschen Nationalbibliografie; detaillierte bibliografische Daten sind im
Internet über http://dnb.d-nb.de abrufbar.

Umschlagdesign, Satz, Herstellung und Verlag:
BoD – Books on Demand, Norderstedt
ISBN 978-3-7597-9853-4

Inhaltsverzeichnis

Einleitung

Sexualität berührt direkt oder indirekt alle Lebensbereiche. Die individuelle Gestaltung dieses Bereiches wird zum einen von der ganz persönlichen Lebensgeschichte, aber auch von gesellschaftlich vorgegebenen Bedingungen, wie den jeweils vorherrschenden moralischen Werten geprägt. Es zeigen sich in ihr sowohl patriarchalische als auch kapitalistische Seiten. Sexualität ist somit Schlüssel zur Lebens- und Sinnfrage schlechthin.

Sexualität ist auch heute noch, mit vielen Tabus verbunden, trotz vermeintlich vieler Freiheiten und durch ein starkes emotionales Engagement gekennzeichnet.

Die Heilige gilt schlechthin als die als triebfeindliche Frau im Gegensatz zur Hure, der triebfreundlichen Frau. Die gegensätzliche Betrachtungsweise von Frauen als Heilige und Huren existiert vielfach in der Vorstellungswelt von Frauen aber vor allem in der der Männer. Der Titel polarisiert und provoziert und ruft vermutlich sehr unterschiedliche Emotionen hervor, je nach Betrachtungsweise, was durchaus beabsichtigt ist. Mit einen kleinen Zeitreise der besonderen Art, soll das Thema Sexualität so aus einer anderen, eher ungewöhnlichen Perspektive betrachtet werden.

Klischees und Zuschreibungen von Frauen waren und sind:
auf der einen Seite die **Heilige,** die unbefleckte, jungfräuliche, asexuelle, saubere, brave, wertvolle und geachtete Frau, die Wohltäterin, die treue Ehefrau, die Märtyrerin, die geachtete Mutter und Hausfrau...
und
im Gegensatz hierzu auf der anderen Seite die **Hure,** die Sexspezialistin, die verruchte, triebhafte, schamlose, ungehemmte Ehebreche-

rin, die Hetäre, die Mätresse, die Sexgöttin, der Vamp, aber auch die schmutzige, sündige und minderwertige Frau, die Schlampe, das Flittchen, das gefallene Mädchen, das Freudenmädchen, das Amiliebchen, das Escortgirl, die Animierdame, die Prostituierte, die Nutte, die Domina, die Sexsklavin, und die Sexarbeiterin und die Zwangsprostituierte, die ....

Frauen bekommen die Rolle der Verführerin zugeschrieben, ob bei ehelichen Verfehlungen oder in der Prostitution, sie sind meistens die Schuldigen, sie erfahren eine Abwertung während Männer moralisch unbefleckt bleiben. Ihnen wurde und wird lediglich ein starker Sexualtrieb[1] nachgesagt. Männer die mit vielen Frauen Sex haben, werden auch heute noch als toller Hecht, Kavalier oder augenzwinkernd als Herzensbrecher betrachtet. Sie erfahren durch ihr Handeln eher eine Aufwertung.

Frauen und Mädchen bekommen schon sehr früh von ihren Müttern beigebracht wie sie sich zu kleiden, zu schminken und zu benehmen haben. Konservativ eingestellte Mütter beobachten und kontrollieren ihre Töchter sehr genau und bringen sie mit Tadel und Verboten, auch schon bei kleinen Abweichungen, wieder auf den »Pfad der Tugend«. Selbst traumatische Erlebnisse werden negiert, denn der Ruf der Familie darf nicht beschädigt werden. Er ist nicht selten ein höheres Gut als die Unversehrtheit des eigenen Kindes. Opfern von Missbrauch z.B. wird dann unterstellt, sie hätten sich falsch verhalten, sonst wäre das nicht passiert.

Genau dies beweisen die folgenden Zitate von Patientinnen aus meiner Praxis: Frau W.: »Als ich mit 12J. anfing mich zu schminken und meine Mutter dies entdeckte, hat sie mich als Schlampe, Nutte und

---

1   Schmidt, Gunter: Abschied vom Trieb, in: Das neue DER DIE DAS Über die Modernisierung des Sexuellen, Gießen, Psychosozial-Verlag, 2014, S. 33

Hure beschimpft und die Sachen aus dem Fenster geschmissen«. Ich durfte fortan kein Kleid mehr tragen, weil das »die Männer provozieren« und ich sonst eine »Vergewaltigung heraufbeschwöre« und mich »selbst dem Wolf zum Fraß« vorwerfen würde.

Fr. L.: »Als ich den Eltern (mit 37J.) sagte, dass ich jahrelang von unserem Nachbarn missbraucht worden bin, da haben sie mich als Nutte und Hure beschimpft und rausgeschmissen.«[2]

Das sexualideologische Frauenbild und seine Veränderungen im Wandel der Zeit, soll mit Blick auf die jüngere Geschichte der Sexualität betrachtet werden. In diesem Zusammenhang kann uns die parallele Betrachtung der Entwicklung der heterosexuellen Prostitution[3] in Deutschland, von der Nachkriegszeit bis heute, Aufschluss geben.

---

2   Aufzeichnung aus Patientenprotokollen der Autorin
3   Ich beziehe mich in erster Linie auf die weibliche heterosexuelle Prostitution (Trans-Frauen eingeschlossen).

1. Nachkiegssexualität – Männermangel / Frauenüberschuss

1.1 Das Liebesideal der Nachkriegszeit war die Kameradschaft

Als Deutschland im Mai 1945 bedingungslos kapitulierte, übernahm der alliierte Kontrollrat der vier Siegermächte die oberste Regierungsgewalt. Deutschland lag in Schutt und Asche.

Abbildung 1: Bauhilfsarbeiterinnen wurden sie offiziell genannt.
Aber als »Trümmerfrauen« sind sie in die Geschichte eingegangen.
© picture alliance / dpa / Wolfgang Etzold

Fünfundzwanzig Millionen Menschen irrten als Flüchtlinge, Evakuierte, Kriegsgefangene oder befreite Häftlinge durchs Land. Mehr als elf Millionen davon waren Vertriebene, unzählige Familien waren zerrissen. Wohnungselend, Hunger, Krankheit und eine steil ansteigende Kriminalität beherrschten im Restdeutschland das Klima. Lebensmittel waren rationiert. Pro Kopf gab es 1.100 Kalorien täglich. Für Nichtgemeldete gab es nicht mal das und wer nicht hungern oder frieren wollte, musste sich regen. Jedes freie Plätzchen nutzte man um Gemüse oder Tabak anzupflanzen. Plünderungen von Lebensmittelvorräten waren an der Tagesordnung. Alles drehte sich um die Nahrungsbeschaffung. Alles und jeder lebte in irgendeiner Form vom Schwarzmarkt. Hamsterfahrten aufs Land oder der Verkauf von allem was nicht satt machte – Klaviere, Tafelsilber, Eheringe etc. – in Ruinen oder auf Bahnhöfen war üblich. Ein Treffpunkt für Verwahrloste oder verwaiste Jugendliche und Kinder, Entwurzelte und Kriminelle war in vielen Städten der Bahnhof. Er war der Hauptumschlagplatz für die »schwarze Goldwährung« die Zigarette. Alles und jeder lebte in irgendeiner Form vom Schwarzmarkt. »Oben war nun wer Butter oder Speck produzierte oder hamsterte...«.[4]

Abbildung 2: Anfang Achtundvierzig Rückblick auf die erste Frankfurter Messe nach dem Krieg und das Jahr 1948, Ausstellung in der Kongreßhalle 24.08.-01.09, 1985, Hrg. Messe Frankfurt GmbH, Brönner Verlag, Frankfurt, S.85

---

4   Melanowski, Wolfgang: 1945, »Absturz ins Bodenlose« – über Kapitulation und Besatzung: Deutschlandpläne der Sieger, Spiegel Serie, Teil I: Zusammenbruch und Besatzung, in Der Spiegel Nr. 15, 1985, s. 158-177 und https://de.wikipedia.org/wiki/Stunde_Null, abgerufen 12.08.24

Während den Männern im Krieg fast überall Bordelle (mit Jüdinnen oder Fremdarbeiterinnen, die dort als Zwangsprostituierte Dienst taten) zur Abreaktion ihrer sexuellen Bedürfnisse zur Verfügung standen, erwartete man von den Frauen zu Hause jahrelange Enthaltsamkeit. »Die sexuellen Erlebnisse der Männer während der Kriegszeit zählen nicht, ihren Frauen aber gestehen sie solche Erfahrungen nicht zu, sie sollen dem männlichen Bild der hehren, keuschen Frau entsprechen. In einer Welt brüchiger Moral- und Wertvorstellungen, in der geplündert, gestohlen und organisiert wird, soll die Frau gefälligst für die Moral einer heilen Welt geradestehen«.[5]

1.2   Ehe auf Zeit – Bratkartoffelverhältnis

In den 3 Westzonen gab es über 7 Millionen mehr Frauen als Männer. Die Ehe auf Zeit wurde propagiert, man sprach vom Bratkartoffelverhältnis, weil viele Paare, die sich in den Wirren der Nachkriegszeit gefunden hatten ohne zu heiraten zusammen lebten, auch, weil die Frau möglicherweise sonst ihre Witwenrente nicht mehr bekommen hätte. Der Mythos vom starken Mann, der in der Nazizeit verherrlicht wurde, war zerstört. Der Niederlage an der Front, folgte oft eine Niederlage am heimischen Herd, weil die Frauen durch ihre Erfahrungen im Krieg ein neues Selbstbewusstsein entwickelt hatten. Die heimkehrenden Männer waren misstrauisch, befürchteten Untreue und verstanden deren Selbstständigkeit nicht. Sie forderten von den Frauen eine Rückkehr zum alten Rollenbild, weshalb es oft zu Konflikten zwischen den Geschlechtern kam.

---

5   Schmidt-Harzbach, Ingrid: Die Lüge von der Stunde Null, in: Courage, Nr.6, 1982a, S. 33-40

Das Liebesideal in der Notzeit der Nachkriegszeit war die Kamerad-
schaft. Man sprach von einer Verrohung der Sitten, einer Krise von Ehe
und Familie, insbesondere bedingt durch den »temporären Autoritäts-
verlust« des Mannes.

Der Verlust von 3 Millionen Männern führte zu einem Männermangel
und einem erheblichen Frauenüberschuss. Ehefrauen wurden aufgefor-
dert Toleranz zu üben, der »überschüssigen« Frauen wegen. Die Ehe auf
Zeit wurde propagiert. Das Bratkartoffelverhältnis – ein Zusammenleben ohne Trauschein, was bis dahin als moralisch verwerflich galt,
wurde geduldet.

1.3 Ungebundenes Sexualleben

Da viele Frauen keine Aussicht hatten zu heiraten oder des Wartens
überflüssig waren, führten sie vielfach ein ungebundenes Sexualleben.
Die Zahl der unehelich geborenen Kinder stieg gegenüber der Vorkriegs-
zeit auf das Doppelte, trotz Erleichterung der Abtreibung (sie betrug
1938 8% und 1946 16%. In Bayern sogar 22%[6]

Erst mit der Währungsreform 1948 (und dem Marshallplan, einem
wirtschaftlichen Hilfsprogramm der USA) wurde die Grundlage für
eine Normalisierung geschaffen. Am 20.05.1948 bekam jeder Bürger
40 DM und 1 Monat später nochmal 20 DM ausbezahlt.

Vier Jahre nach der bedingungslosen Kapitulation wurde dann das
neue Gesetzeswerk, das für Recht und Ordnung sorgte, das Grundgesetz unterzeichnet und am 23. Mai 1949 verkündet. Dieses Datum gilt
auch als Geburtsstunde der Bundesrepublik Deutschland.

---

6   Delille, Angela, Andrea Crohn: Blick zurück auf Glück – Frauenleben und
     Familienpolitik in den 50er Jahren, EP 149, Elefanten Press, Berlin 1985, S. 116

Die vier »Mütter des Grundgesetzes«

1. September. In Bonn konstituiert sich der Parlamentarische Rat der drei Westzonen mit dem Auftrag, ein Grundgesetz für einen künftigen westdeutschen Staat zu erarbeiten. Nur vier Mitglieder des 65köpfigen Gremiums sind Frauen: Die Sozialdemokratinnen Friederike Nadig und Elisabeth Selbert sowie Helene Weber (CDU) und Helene Wessel (Zentrum).

Zunächst beraten die Ratsmitglieder ohne nennenswertes öffentliches Interesse staats- und verfassungsrechtliche Probleme. Parallel dazu wird auch in der sowjetischen Besatzungszone an Verfassungsentwürfen gearbeitet.

Die Öffentlichkeit schaltet sich erst im Rahmen der Grundrechtsdebatten ein. Die unter dem Hitler-Regime erlittenen Grundrechtsverletzungen haben die Bevölkerung derart sensibilisiert, daß sich der Grundsatzausschuß der Öffentlichkeit stellen muß. Die Diskussion um die Gleichberechtigung der Frau steht in diesem Zusammenhang im Vordergrund: Unter dem Eindruck der vom NS-Staat legitimierten Frauendiskriminierung wirken fortschrittliche Kräfte darauf hin, daß die Gleichberechtigung in Artikel 3 Absatz 2 des Grundgesetzes festgeschrieben wird (→ 23. 5. 1949/S. 525).

Die »Mütter des Grundgesetzes« (v. l.): Friederike Nadig (SPD), Elisabeth Selbert (SPD), Helene Weber (CDU) und Helene Wessel (Zentrum). Der Name der Notarin und Anwältin Elisabeth Selbert ist mit der Durchsetzung der Gleichberechtigung der Frau in Art. 3 Abs. 2 des Grundgesetzes verbunden.

Abbildung 3: Frieda Nadig, Elisabeth Selbert, Helene Weber und Helene Wessel (von links) sind die vier Mütter des Grundgesetzes. Foto: Bestand Erna Wagner-Hehmke, Stiftung Haus der Geschichte, Bonn

Das Grundgesetz wurde von 61 Männern und 4 Frauen erarbeitet. Die Juristin und Abgeordnete Elisabeth Selbert war bei den Frauen federführend, sie kämpfte um die Aufnahme eines Satzes im Grundgesetz, der das Leben aller Frauen in unserer Gesellschaft verändern sollte: in Artikel 3 Absatz 2 heißt es: »Männer und Frauen sind gleichberechtigt«.[7] Im Oktober 1949 kam es dann zur Teilung Deutschlands und zur Gründung der Deutschen Demokratischen Republik (DDR). Ein neuer Zeitabschnitt begann.

---

7 Grundgesetz für die Bundesrepublik Deutschland (GG), Stand 19.12.2022, in: https/www.gesetze-im-internet.de/gg/

1.4 Formen der Nachkriegsprostitution

1.4.1. Überlebensprostitution

Die Widersprüchlichkeit der Moral nahm in der Nachkriegszeit z. Teil sonderbare Formen an. So gab es die Negierung von Ehe und Familie und auch das genaue Gegenteil. Prostitution aus Not oder das »Essen anschlafen« gehörte in den ersten Nachkriegsjahren fast zum Alltag. Sex für Naturalien, jeder wusste davon und dennoch war es ein Tabu – trotzdem gab es beim Schlangestehen für Lebensmittel z.B. einen Erfahrungsaustausch – man sprach von »Schandschuhen« und dem »Majorszucker«.[8] Frauenwohngemeinschaften und Großfamilien zerfielen wieder, als die Männer heim kehrten. Die Jagd nach dem Mann nahm viele Formen an. »Ein Königreich für einen Mann« – ganz gleich wie er ist! Jede andere Frau ist eine gefährliche Rivalin im Kampf um den Mann. Drum heran an den Mann mit allen Mitteln der Verführung! Koste es was es wolle, das »gemütliche Eigenheim« oder gar die Persönlichkeit... Und der Mann? Nun, der sitzt als begehrte Mangelware auf seinem Thron und läßt sich die besten Angebote vorführen«[9]

Es gab eine Verflechtung zwischen realem Hunger und dem Hunger nach Leben. Tanzlokale der Amerikaner, Briten und Franzosen boten die Möglichkeit der Überlebensfreude Ausdruck zu geben. »Sie tanzt. Will vergessen. Die dumpf kalten Zimmer, Vaters hilfloses Gebrüll, Mutters ausgemergeltes Gesicht. Will die Wörter vergessen, Rationierung, Entnazifizierung, Kollektivschuld.«[10]

---

8   vgl. Schmidt-Harzbach,in Courage Nr.6, 1982a, S. 31
9   Schmidt-Harzbach: in Courage Nr. 6, 1982a, S. 39
10 Schmidt-Harzbach, Ingrid: Nun geht mal beiseite, ihr Frauen!, in: Courage Nr.7 1982b, S. 5

1.4.2. Besatzungsprostitution

Beliebt bei den Frauen waren vor allem die Amerikaner, denn die hatten alles was begehrt war: Lebensmittel, Zigaretten, Süßigkeiten, Strümpfe, Seife usw.

Es gab ein Zug von Mädchen, die den Soldaten folgten. Man sprach von Berufsbräuten, Ami-Liebchen und Ami-Huren.

In der Nähe von Truppenübungsplätzen entstand eine besondere Form der Prostitution, die Besatzungsprostitution. Dor gab es dann alsbald viele Lokale und Bars, wo Frauen sich als Animiermädchen, Barmädchen, Taxigirls und Callgirls des Soldaten zur Verfügung stellten. Kuppelei, d.h. die Duldung einer Übernachtung von unverheirateten Paaren im eigenen Haus, was nach wie vor unter Strafe stand, wurde geduldet, ebenso, wie wechselnde Verlöbnisse, d.h. wenn sich das Paar ein Heiratsversprechen gegeben hatte, wurde unter diesem Deckmantel vieles erlaubt. Man sprach von Sittenverfall, weil auch »scheinbar ordentliche bürgerliche Familien«, Zimmer für monatlich 200DM und mehr vermieteten, was damals ein horrender Preis war. Nicht selten wurden auch von den Eltern wechselnde Verlöbnisse toleriert. Allgemein betrachtete man aber die Verhältnisse mit größtem Argwohn. Man strafte die Frauen mit Verachtung und bewunderte sie zugleich – wegen ihres anscheinend sorglosen Lebenswandels.

Eine Heirat zwischen einer Deutschen und einem Amerikaner war verboten und eine Auswanderung nach Übersee d.h. Amerika gab es nur selten.[11]

Das Besatzungsverhältnis und die sogenannte Berufsbraut betrachtete man als ein Charakteristikum der Nachkriegszeit. Man sah hierin eine neue, verschleierte Form der Prostitution.

---

11 Kreuzer, Margot D.: Prostitution Eine sozialgeschichtliche Untersuchung in Frankfurt a.M. Von der Syphilis bis AIDS, Stuttgart Schwer Verlag, 1988, S. 222-23

1.4.3. Straßenprostitution

Von den professionellen Prostituierten wurde der Straßenstrich bevorzugt. Die Frauen sprachen die Männer an oder ließen sich ansprechen und nahmen, nachdem man sich handelseinig geworden war, die Männer mit, in ihre Stundenhotels oder in der Nähe gelegene Absteigequartiere. Viele Absteigequartiere wurden im Tag-Nacht-Rhythmus genutzt. Der übliche Mietpreis lag Ende der vierziger Jahre bei 20DM pro Tag. Oft wurden Zimmer auch stundenweise vermietet.

1.4.4. Autoprostitution

Die Autoprostitution entwickelte sich als eine besondere Form des Straßenstrichs und wurde zur lukrativsten Form der Prostitution der Nachkriegsgeschichte. Der Geschlechtsverkehr wurde im Kundenauto ausgeübt, auf einem entlegenen Platz. Diese Form der Prostitution war und ist eine der gefährlichsten, da die Frauen dem Kunden völlig ausgeliefert sind. Allerdings war diese Form auch eine der lukrativsten, weil sie der Frau gestattete, in relativ kurzer Zeit eine gewisse Anzahl von Freiern zu bedienen. Anfangs waren vor allem die Amerikaner die Kunden. Viele Frauen fuhren am »pay day«, dem Zahltag, an dem der Sold ausgezahlt wurde, in die Nähe von Kasernen, um dort ihrem Gewerbe nachzugehen. Nach einer lukrativen Woche, kehrten sie dann wieder an ihren alten Standort zurück. Dies änderte sich allmählich im Zusammenhang mit dem wirtschaftlichen Aufschwung, als sich immer mehr Deutsche ein Auto leisten konnten.

1.4.5. Lokal- und Bordellprostitution

Die Zahl der Lokale und Bars in denen vor allem Amerikaner verkehrten, nahm in den ersten Nachkriegsjahren sprungartig zu. Sie hatten einen zweifelhaften Ruf, denn man sah in ihnen Kontaktanbahnungsstätten für heimliche Prostituierte. Hier waren Frauen als sogenannte Animiermädchen, Barmädchen, Taxigirls, Callgirls u.a. tätig. Es wurden dort »Schleier- und Schönheitstänze« vorgeführt um die männlichen Besucher zum Sex zu animieren. Die professionellen Prostituierten hielten sich in den Lokalen anfangs nur auf, um sich aufzuwärmen. Erst mit der Zeit nahm die Lokalprostitution zu bzw. sie wurde von den Wirten geduldet, weil die Frauen halfen, den Konsum von Alkoholika zu steigern. Oft vermieteten die Lokalbesitzer Zimmer an Stammfrauen und verlangten dafür von den Frauen einen prozentualen Anteil pro Freier und Zimmerbenutzung.

Bordelle alten Stils, einem Haus, das von einem Bordellwirt oder einer »Madame« geleitet wurde gab es seit 1927 nicht mehr. Nach 1933 wurde Prostitution einerseits als volkschädlich bekämpft, Prostituierte wurden als »Asoziale« verfolgt, andererseits richtete man Bordelle für Soldaten, Zwangsarbeiter und in Konzentrationslagern ein. 1946 erließen die Amerikaner ein Bordellverbot, duldeten aber Bordelle, solange sie kein Ärgernis in der Öffentlichkeit darstellten. Es gab somit Häuser, in denen Frauen wohnen und auf eigene Rechnung der Prostitution nachgingen. In vielen Städten wurden Bordellstraßen nach dem Krieg eingerichtet und wiedereröffnet. Es waren Straßen, die mit Blendmauern abgeschirmt waren und nach einem ausgearbeiteten Kontrollsystem von der Polizei überwacht wurden.

Diese Straßen wurden nach dem Bremer System im Zuge der Reglementierung genehmigt. In Frankfurt z.B. war es eine Sackgasse, die als Bordellstraße, mit Unterbrechung von 1927 bis 1933 existierte. Nach 1945 gab es keine geschlossene Bordellstraße. Durch Polizeiverordnung hatten die dort wohnenden und ihrem Gewerbe nachgehenden Frauen viele Vorschriften zu befolgen. Obwohl Abhängigkeiten nicht mehr gegeben sein sollten, entstanden alsbald durch diese Organisationsform eine große Abhängigkeit von den Wirtschaftern, die für alles sorgten und von der Polizei.[12]

---

12 Kreuzer, 1988, S. 233

Bei Nichtbeachtung der Verbote und Gebote war ein Zwangsgeld oder Haft vorgesehen.[13] Viele Frauen waren in diesen Bordellstraßen, aufgrund der Vorschriften von der Außenwelt regelrecht abgeschnitten. Ihre Zuhälter waren für viele oftmals der einzige feste Außenkontakt.

---

13   Magistratsakten der Stadt Frankfurt am Main 1951/1952ff.

Das Liebesideal in der Notzeit der Nachkriegszeit war die Kamerad-schaft.

Man sprach von einer Verrohung der Sitten, einer Krise von Ehe und Familie, weil sich viele Frauen nicht an vormals gültige Konventionen hielten und ein anscheinend ungebundenes Sexualleben führten

2. Die prüden 50er Jahre

Auf die Zeit der Arbeitslosigkeit und Not, die sich noch bis 1952 hin-
zog, folgte eine Ära des wirtschaftlichen Aufschwungs. Preis- und
Lebensmittelrationierungsvorschriften wurden 1950 aufgehoben. Mit
Unterstützung der Amerikaner kam die Industrieproduktion wieder in
Gang. Nach dem Prinzip der sozialen Marktwirtschaft entwickelte sich
die deutsche Wirtschaft derart schnell, dass man im In- und Ausland
vom Deutschen Wirtschaftswunder sprach. Bereits 1955 herrschte Voll-
beschäftigung. Konsumgüter waren wieder gefragt. Der Hungerszeit
der Nachkriegsjahre folgte erst eine Fresswelle (1948/49) dann eine
Kleiderwelle (1949-52) und danach eine Möbelwelle (1952-57) und dieser
dann eine Reisewelle (ab 1957-79).

Man sprach von den goldenen Fünfzigern. Doch der Alltag sah meist
nicht so rosig aus, wie sich das aus heutiger Sicht darstellt. Zum einen
gab es eine unvorstellbare Sparbereitschaft und zum anderen ermög-
lichte erst die zusätzliche Erwerbsarbeit der Frauen und deren Geld-
erwerb, die Anschaffung von Gebrauchsgütern. Von solchen, die heute
selbstverständlich sind, wie z.B. einem Kühlschrank oder einer Wasch-
maschine und letztendlich eines Autos und des Eigenheims. Für die
Frauen entstand dadurch eine doppelte und dreifache Belastung, weil
sie neben der vollen Erwerbstätigkeit, noch den Haushalt, die Kinder
und den Ehemann versorgen mussten.

2.1. Wiedererstarken einer strengen Sexualmoral

Die Rückkehr zu einem sehr prüden Rollenverhalten, kennzeichnen das sexualideologische Klima in den Fünfzigern. Die »neue Moral«, deren zentrale Instanz die Kirche als Institution war, schaffte vielfältige Zwänge und Tabus. Alles, was sich im weitesten Sinne mit Sexualität assoziieren ließ, galt als sittenwidrig und wurde aus der Öffentlichkeit verbannt. Franz Würmeling, der Leiter des Familienministeriums und seine erzkonservative Einstellung, machte vor allem den Frauen das Leben schwer, denn er war Gegner arbeitender Mütter. Alleinerziehende Frauen führten oft einen Überlebenskampf, um ihre Kinder zu ernähren und verheiratete Frauen waren von ihren Ehemännern in der Regel finanziell abhängig,

2.2. Benimm-Knigge war Pflichtlektüre

Der Austausch jeglicher Zärtlichkeit in der Öffentlichkeit galt als verwerflich. Konventionelle Umgangsformen wie »Ritterlichkeit« des Mannes und »Anmut« der Frau wurden kultiviert. Frauen durften nur noch durch »Abweisen und Abwarten« auf sich aufmerksam machen. Sexuelle Freizügigkeit zwischen den Geschlechtern galt als anstößiges Erbe der NS-Zeit. Der Benimm-Knigge wurde zur Pflichtlektüre für jedermann.[14]

---

14 Informationsblätter zu der Ausstellung »Frauenalltag und Frauenbewegung in Frankfurt 1890 – 1980«, Historisches Museum, Frankfurt, 1981

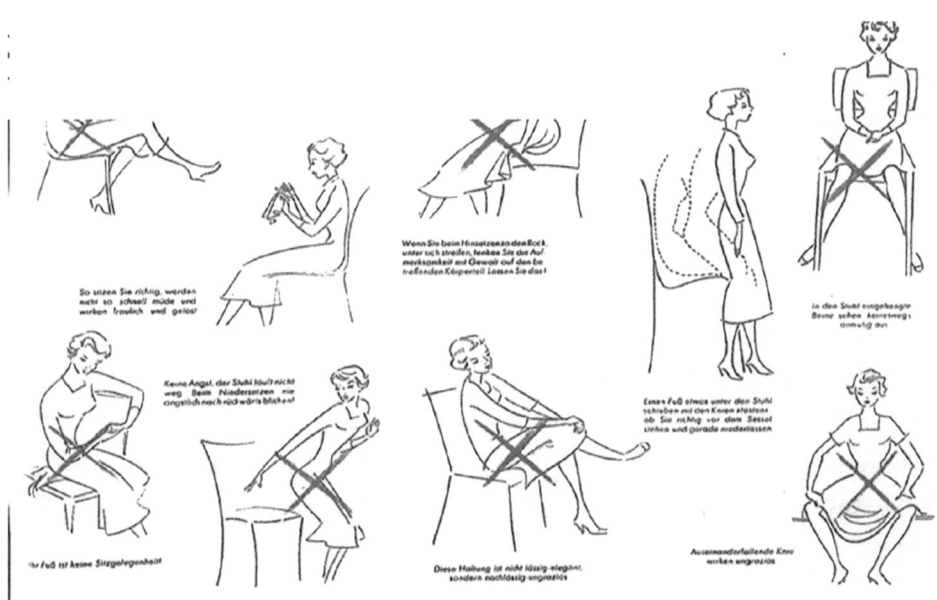

*Abbildung 4: »Sitzen Sie richtig?« Schönheitsregeln aus Constanze
Schönheit 1960, Deutsche Bibliothek Frankfurt
(Abb.) Informationsblätter zu der Ausstellung »Frauenalltag und
Frauenbewegung in Frankfurt 1890-1980, Historisches Museum Frankfurt 1981*

2.3. Viginität galt als Ideal – Rufmord und »Verlust der Ehre«

Jungfräulichkeit galt wieder uneingeschränkt als Ideal. Frauen, die sich nicht an die Normen hielten, wurden schnell als Flittchen, Schlampe und Hure abgestempelt, was einem Rufmord und einem »Verlust der Ehre« gleichkam, was nur durch Heirat des jeweiligen Intimpartners wieder wett gemacht werden konnte. Ledig zu bleiben, bedeutete für Frauen eine Schwäche, während man fehlende voreheliche sexuelle Erfahrungen bei Männern als Manko betrachtete.

Die Doppelmoral war in den Fünfzigern derart groß, dass man sich das heute gar nicht mehr vorstellen kann. Es sollte noch Jahre dauern, bis sich das änderte.

2.4. Absolute Tabuthemen der Fünfziger Jahre

Zu den absoluten Tabuthemen der fünfziger Jahre gehörten, neben der Schwangerschaftsverhütung und Abtreibung, die Prostitution.

Schon 1946 veröffentlichte Beate Uhse die Knaus-Ogino-Methode. Es war die einzige, wenn überhaupt bekannte Verhütungsmethode neben der Benutzung von Kondomen oder dem vorzeitigen Abbruch des Geschlechtsverkehrs.

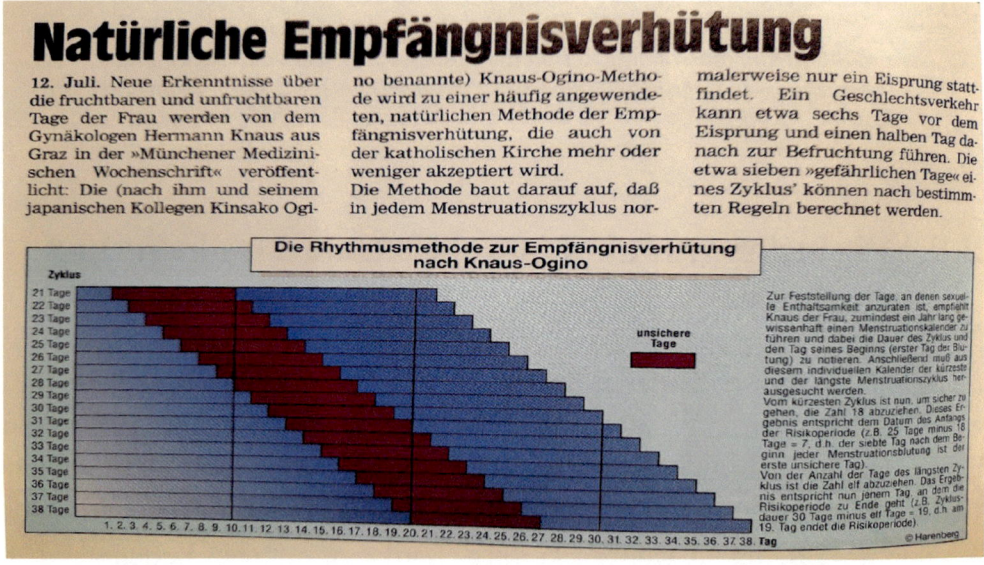

Abbildung 5: Anette Kuhn (Hrg.) Die Chronik,, Chronik Verlag 1992, S. 466

1952 gab es einen Kinoskandal. Im Film »Die Sünderin« spielte Hildegard Knef eine ehemalige Prostituierte und war 3 Sekunden (!) nackt zu sehen. Der Film entfachte eine Moraldebatte.

Abbildung 6: Film Programmheft »Die Sünderin« 1951, HMF (Abb.) in: Informationsblätter zu der Ausstellung »Frauenalltag und Frauenbewegung in Frankfurt 1890-1980, Historisches Museum Frankfurt, S. 114

2.5   Der Kinsey – Report

Die Kinsey Reports, zählen zu den Meilensteinen sexueller Aufklärung. Diese Bücher erregten Aufsehen in der gesamten westlichen Welt. Alfred Kinsey erforschte das Sexualverhalten von Männern und Frauen. Er befragte 12.000 Menschen zu ihren sexuellen Gewohnheiten. Zuerst erschien 1948 »Das sexuelle Verhalten des Mannes«, dem folgte dann 1953 »Das sexuelle Verhalten der Frau«.[15]

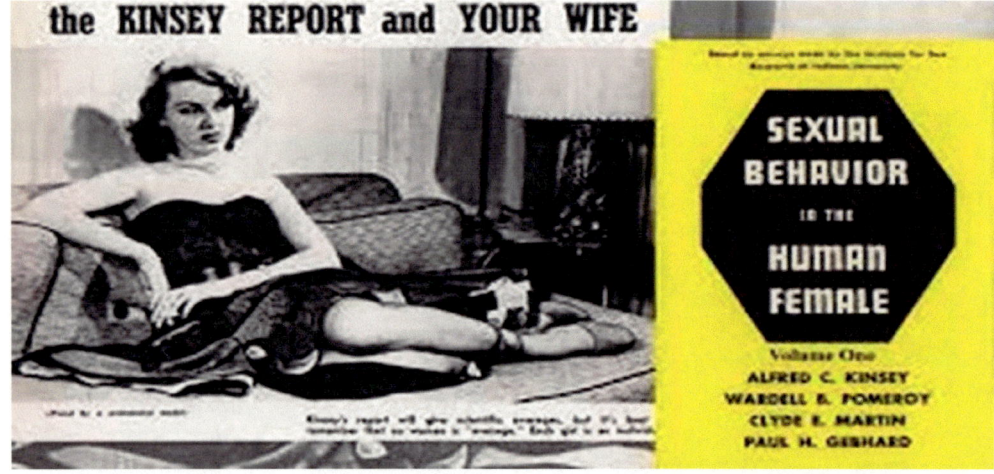

Abbildung 7: https://www.srf.ch/static/cms/images/960w/4f3ed4.webp

---

15   Kinsey, C. Alfred: Das sexuelle Verhalten des Mannes, dt. Ausgabe, Berlin und Frankfurt am Main, Fischer – Verlag, 1964

2.6. Prostitution als Markenartikel

Während es die Überlebensprostitution nur in den ersten Nachkriegsjahren gab, florierte die Besatzungsprostitution während der gesamten Fünfziger bis in die Sechziger Jahre hinein. In enger Anlehnung an die gesamtgesellschaftliche und wirtschaftliche Entwicklung florierte nicht nur der Straßenstrich und die Autoprostitution, sondern Mitte bis Ende Fünfziger Jahre gab es auch neue Formen der Prostitution. Beeinflusst wurde diese Entwicklung auch, durch die wieder brüchiger gewordene Sexualmoral und das Konsumverhalten speziell der Männer.

Es gab schon Anfang der Sechziger Jahre eine enorme Zunahme von Animier- und Striptease-Lokalen, Bars, Kabaretts, Clubs und Bierbars. Die Verbreitung des Telefons, der Kauf von Autos und der Bau von Appartementhäusern hatten wesentlichen Einfluss hierbei.

2.6.1. Animierlokale mit Séparées, Striptease, Kabarett, Clubs etc.

Noch um die Jahrhundertwende galt der Beruf der Kellnerin als anrüchig. Die Aufgabe von Animierdamen ist, offiziell als Kellnerin, Bardame, Striptease-Tänzerin oder auch als Gast getarnt, die Gäste zu unterhalten, mit ihnen zu trinken und zum Verzehr von möglichst teuren alkoholischen Getränken zu animieren, um den Umsatz des Lokals zu steigern. In der Regel wurde den Frauen eine Beteiligung am durch sie erreichten Getränkeumsatz von 20 bis 50% gezahlt. Profit um jeden Preis war Trumpf. Die Werbung für diese Lokale geschah Anfang der Fünfziger noch mit auf Pappe gemalten Körpern und zum Teil verhüllten Körpern, Ende der Fünfziger wurde diese Werbung immer aggressiver und unverhüllter. Aktfotos zeigten Frauen in ein- und zweideutigen Posen im Großformat und somit etwas, was hinter den Fassaden geboten werden sollte. Und zwar zu einer Zeit, wo Nacktheit noch zu den gesellschaftlichen Tabus gehörte. Die Ausstattung der Lokale war sehr unterschiedlich. Schon Mitte der Sechziger gab es Lesbische Spiele, Vergewaltigungsshows, Onanierszenen usw. auf der Bühne zu sehen. Die meisten Animierbars verfügten auch über Séparées. Ein vom Barraum durch einen Vorhang oder eine Tür abgetrennter Raum, der dazu diente, den Kunden in dem Glauben zu bestärken, dass er seine sexuellen Wünsche erfüllt bekommt. Der Gast hatte jedoch für jeden sexuellen Service, wie Anfassen oder Ausziehen von bestimmten Kleidungsstücken, extra zu zahlen. Die Ausübung des Geschlechtsverkehrs widersprach den geschäftlichen Vereinbarungen zwischen dem Wirt und der Animierfrau. Die Grenze zur Prostitution war jedoch fließend. Nepp und Nichteinhaltung von Versprechungen gehörten in dieser Branche zur Tagesordnung.

2.6.2. Autobahnprostitution, Prostitution mit dem eigenen Auto, Messeprostitution

In Modifikation mit der bereits beschriebenen Autoprostitution, wo die sexuelle Dienstleitung der Frau im Auto des Freiers stattfand, nahm die Prostitution im Zusammenhang mit dem Auto zu. Zum einen gab es eine zunehmende Autobahnprostitution, wo die Frauen an der Autobahnauffahrt standen (was heute undenkbar ist) und Prostitution mit dem eigenen Auto. Bei der ersteren Form gab es eine stationäre und eine vagabundierende Form. Bei der stationären Form hatten die Frauen einen festen Wohnsitz, zu dem sie immer wieder zurück kehrten. Ziel dieser Frauen waren militärische Übungsplätze, Messen oder sonstige Großveranstaltungen. Zudem gab es noch die vagabundierende Form. Diese Frauen, hatten keinen festen Wohnsitz, sie waren ständig per Anhalter unterwegs. Sie fanden ihre Kunden an Autobahnraststätten und an Autobahnauffahrten. Diese Form wurde meist nicht gewerbsmäßig, sondern von Jugendlichen »auf Trebe« betrieben.

Die Prostitution mit dem eigenen Auto, zählte bereits zu den exklusiven Formen der Prostitution. Sie nahm von Gelegenheitsprostituierten insbesondere bei Messen und sonstigen Veranstaltungen zu. Die Kunden wurden entweder in einer Arbeitswohnung oder im Stundenhotel bedient.

2.6.3. Der Mord an Rosemarie Nitribitt

Rosemarie Nitribitt wurde am 29. Oktober 1957 ermordet. Sie wurde auch die »Kurtisane des Wirtschaftswunders« genannt, denn im Zusammenhang mit diesem Mord fielen Namen wie, Quandt, von Bohlen und Hallbach und Sachs. Sie kam aus ärmlichen Verhältnissen[16] und hatte es in relativ kurzer Zeit zu Reichtum und Anerkennung gebracht. Sie verhielt sich zurückhaltend, abwartend und passiv, kleidete sich elegant und unauffällig. Sie passte sich dem Zeitgeist an und nutzte gängige und erwartete Verhaltensmuster nur aus. Ihre Kunden rekrutierte sie vornehmlich aus damals finanziell besser gestellten Kreisen, mit denen sie in Luxushotels und bekannten Badeorten verkehrte. Auf der Suche nach geeigneten Bekanntschaften, fuhr sie mit ihrem schwarzen Mercedes Coupé auffallend langsam durch die großen Geschäftsstraßen Frankfurts oder versuchte vor eleganten Hotels auf sich aufmerksam zu machen. Sie war selbst Symbol des Fortschritts. Es gab ein Fotoalbum und ein schwarzes Notizbuch, vermutlich mit brisantem Inhalt. Bei den Ermittlungen der Polizei wurde oft von prominenten Männern aus Politik und Wirtschaft gesprochen. Der Mord blieb unaufgeklärt.[17] Die Brüchigkeit bis dato für gültig gehaltener Normen

16 Schon, Manuela: Ausverkauft! Prostitution im, Spiegel von Wissenschaft und Politik, Hamburg, Verlag und Druck tredition, 2021, S. 24
17 Koch, Fritz: Verwaltete Lust Stadtverwaltung und Prostitution in Frankfurt am Main 1866-1968, 2010, (Hrsg.) Evelyn Brockhoff, Studien zur Frankfurter Geschichte Band 58, S. 267 f

auf verschiedenen Ebenen des gesellschaftlichen Lebens wurde durch dieses unrühmliche Ereignis deutlich.[18]

Abbildung 8: Polizeipräsidium Frankfurt am Main

---

18 Rosalia, Annemarie Nitribitt wurde 1933 als uneheliches Kind geboren. Sie kam mit 3 Jahren in ein Waisenhaus und mit 5 Jahren in eine Pflegefamilie. Mit 11J. wurde sie vergewaltigt und mit 14 Jahren soll sie sexuellen Kontakt mit französischen Soldaten gehabt haben. Sie kam daraufhin in ein Erziehungsheim, aus dem sie entfloh. Im gleichen Alter hatte sie eine Abtreibung. Sie wird mehrmals polizeilich aufgegriffen und wegen »gewerblicher Unzucht« in ein Arbeitshaus gesteckt. Auch da kann sie fliehen. 1951 wurde sie wegen Landstreicherei verhaftet und kam in ein Frauenheim. Mit 20 wird sie aus der Fürsorgeerziehung entlassen. 1953 kehrte sie dann nach Frankfurt zurück und arbeitete zunächst als Bardame und Prostituierte. In Annoncen bezeichnete sie sich als Mannequin. Sie ließ sich von einem Hauslehrer unterrichten und sprach Englisch und Französisch.

Appartement- Club-, Salon- und Bordellprostitution

In der Appartementprostitution gab es bereits Mitte der Sechziger alle Übergänge vom bordellähnlichen »Dirnenwohnheim«, bis zur heimlichen Prostitution in Luxusappartements.

Die Frauen in den sogenannten Wohnheimen suchten ihre Freier auf der Straße. Die Tagesmiete für ein Zimmer mit Kochnische und Dusche lag zwischen 20 und 50DM. Clubs oder Salons waren besser ausgestattete bordellartige Betriebe, mit einem festen Kundenkreis. Hier standen dem Freier mehrere Prostituierte zur Verfügung, er konnte sich anhand von Fotos eine Frau aussuchen. Solche Betriebe waren meist in anonymen Geschäftshäusern mit viel Publikumsverkehr angesiedelt, sie waren illegal und bedurften deshalb der Geheimhaltung. Die Geschäftszeit war aus genannten Gründen auf die Tageszeit beschränkt. Die Salonprostitution war lediglich eine Sonderform des Bordells. Die Vermittlung von Prostituierten geschah über Telefon und Anzeigen in einer Zeitung.

2.6.5. Call-Girls und Party-Girls

Call-Girls, bzw. »Rufmädchen« gingen meist nebenberuflich und heimlich der Prostitution nach oder tarnten sich mit Scheinarbeitsverhältnissen z.B. als Sekretärin, Studentin, Fotomodell, Mannequin, Modistin, Bardame etc.. Sie rekrutierten sich aus den verschiedensten Gesellschaftsschichten. Die Telefonnummern von Call-Girls war meist nur eingeweihten Interessenten bekannt, sie wurden zuerst von Portiers teurer Hotels oder Taxifahrern vermittelt, später auch von Bars, Cafés und Friseursalons. Diese fungierten oft als geheime Vermittlungszentralen. Call-Girls verkehrten meist nur mit Herren aus finanzstarken Kreisen und wurden z.B. auch zur Teilnahme an Dachparties eingeladen. Party-Girl war eine Sonderform der Call-Girls-Prostitution, sie wurden z.B. bei Messen von Geschäftsleuten angeheuert, um den jeweiligen Geschäftspartner bei Transaktionen gefügiger zu machen.

Während es in der Nachkriegszeit noch drunter und drüber ging, herrschte in den 50er Jahren alsbald ein strenges Regiment, mit alten ein- und festgefahrenen Denk- und Verhaltensweisen. Jede Frau, die von den strengen Normen abwich, wurde schnell als Flittchen und Hure beschimpft und mußte mit Rufmord rechnen. Doch hinter den Kulissen rumorte es bereits und es gab mit der Zeit eine zunehmende Anti-Haltung gegen die festgefahrenen Denk- und Verhaltensweisen.

3. Die 60er Jahre und die »sexuelle Revolution«

Die Sechziger Jahre gelten als die Jahre des Umbruchs und der Studentenrevolte. Schon Ende der fünfziger Jahre zeigte sich Widerstand gegen eingefahrene Konventionen und eine zunehmende Anti-Haltung gegenüber alten Normen. Der Rock'n Roll, Beat und Twist waren Ausdruck hiervon.

Abbildung 9:
Informationsblätter zu der
Ausstellung »Frauenalltag und
Frauenbewegung in Frankfurt
1890-1980, Historisches Museum
Frankfurt 1981, S.122

Schon 1962 kam es in München zu den Twist-Krawallen. Junge Menschen machten Musik und tanzten auf der Straße. 1963/64 kam dann es zur Hippie-Bewegung (eng. hip-angesagt). Dahinter steckte die Idee von einem humaneren und friedlicheren Leben.

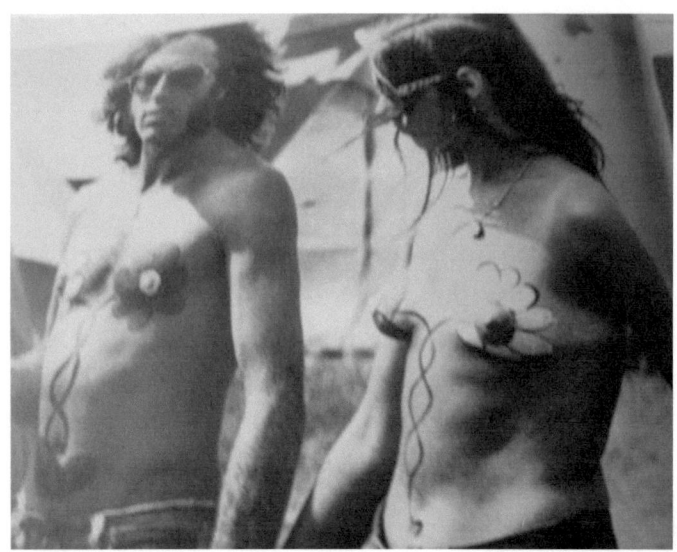

Abbildung 10:
Hippies, Quelle
unbekannt

Das Woodstock Festival 1969 war ein Popmusik-Festival in der Nähe von New York. Es war der Höhepunkt der Hippie-Bewegung, an dem eine halbe Million Menschen teilnahm. Das Festival stand unter dem Motto von Liebe und Frieden. Es war ein gesellschaftlicher Höhepunkt dieser Bewegung, die sich später mit der Friedensbewegung verband.

Im Bereich der Sexualität galt Anfang der Sechziger Jahre noch alles, was mit Sexualität zu tun hatte als schmutzig und war mit absoluten Tabus behaftet.

3.1. Die Pille

Als 1960 zuerst in Amerika und ein Jahr später in Deutschland die Pille auf den Markt kam, wurde dieser zunächst wenig Aufmerksamkeit gewidmet. Eingeführt wurde sie ursprünglich als Mittel zur »Behebung von Menstruationsstörungen«. Man entdeckte aber bald deren empfängnisverhütende Wirkung. Sie wurde ab 1962 in Deutschland nur verheirateten Frauen von Ärzten verschrieben, die schon mehrere Kinder hatten. Von der Kirche wurde die Pille, wie Verhütungsmittel generell abgelehnt. Verhütungsmittel waren für Unverheiratete so gut wie nicht zu bekommen.

Abbildung 11: Die Pille: Anette Kuhn (Hrg.),
Die Chronik der Frauen, Chronik Verlag 1992, S. 549

Virginität verlor allmählich an Wert und wurde als ein Relikt der Elterngeneration gesehen.[19] Im schwedischen Film »Das Schweigen«

---

19 Eder, Franz X.: Liberalisierung und Kommerzialisierung der Sexualität in der zweiten Hälfte des 20. Jahrhunderts, in: Soziale Dimension der Sexualität, (Hg.) Benkel, Thorsten, Fehmi Akalin, Beiträge zur Sexualforschung Bd. 94, Gießen, Psychosozialverlag, 2010, S.166

von Ingmar Bergmann zeigte man 1963 erstmals einen Geschlechtsverkehr, was zu einem der größten Skandale der Sechziger Jahre führte. Kinobesitzer die diesen Film zeigten, erhielten Bombendrohungen[20]

3.2. Die Sexwelle

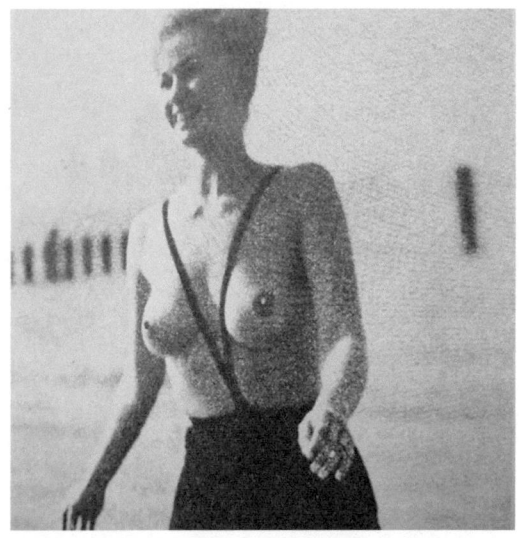

Abbildung 12: Gernreichs »Oben ohne« Badeanzug in: CheSchaShit, Elefanten Press 1984, S.96

Obwohl der Modeschöpfer Gernreich schon 1963 sein Obenohne-Badeanzug kreirt hatte und einiges in Bewegung war, kam es erst Mitte der Sechziger Jahre zu der sogenannten Sexwelle und zu einem langsam einsetzenden, allgemeinen Wertewandel. Die Hüllen fielen, zunächst aber nur optisch und zwar in den Medien. Der Minirock von Mary Quant und die magersüchtige Twiggy wurden zum Massenphänomen.

---

20 Das waren noch Zeiten – Die 60er Die Sexwelle: http//www.das waren noch zeiten.
    de/Sexwelle

Abbildung 13: Twiggy:
Anette Kuhn (Hrg.) Die Chronik,
Chronik Verlag 1992, S.559

Einerseits hieß es »der Mini befreit uns« andererseits«, der Mini ist ein Werk des Teufels« oder »der Mini macht und zu Sexobjekten«. 1966 beklagte man »Gammlerprobleme«. Junge Männer übernachteten in München auf Bäumen im englischen Garten, um so gegen den Leistungsdruck in der Gesellschaft zu protestieren. Und im Bereich der Sexualität wurde Oswald Kolle, der selbsternannte Aufklärer der breiten Masse populär. Seine zahlreichen Artikel, Aufklärungsserien in Illustrierten und Bücher wie z B.: »Deine Frau das unbekannte Wesen« 1967 und Filme wie z.B. »Das Wunder der Liebe« 1968 wurden alle zu Verkaufsschlagern und füllten die Kinosäle. Es ging um Aufklärung für Erwachsene und zwar verheiratete Erwachsene, denn Sexualität vor der Ehe war immer noch ein Tabu.

Es ging in diesen »Aufklärungsbüchern« und Filmen um die Frage, ob Frauen überhaupt zu sexueller Lust fähig seien und wenn ja, wie der Mann sich am besten verhalten sollte, um die Lust seiner Frau zu fördern.

Die Zahl der Frühehen[21] stieg stark an, 1/3 der Ehen waren »Mussehen«, d. h. der Grund für die Heirat war die Schwangerschaft der Braut, denn Abtreibung war nach wie vor verboten und wurde mit bis

---

21 unter 21J. war noch eine Erlaubnis der Eltern vonnöten, weil das Volljährigkeitsalter erst 1974 von 21 auf 18 Jahre gesenkt wurde

zu 5 Jahren Gefängnis oder Zuchthaus bestraft. Trotzdem gab es ca.1 Million verbotener Abtreibungen pro Jahr und ca. 1500 mit tödlichem Ausgang. Außerdem galt nach wie vor der Unzuchtsparagraph, §180 StGB Förderung sexueller Handlungen Minderjähriger. Er verbot z.B. die gemeinsame Übernachtung von unverheirateten Paaren. Eltern, die z.B. der Tochter die gemeinsame Übernachtung mit ihrem Freund gestatteten, machten sich der Unzucht schuldig, was mit bis zu fünf Jahren Zuchthaus bestraft werden konnte. Das Thema Sexualität nahm in der Werbung und auf den Titelblättern von Zeitschriften und Illustrierten immer mehr zu. Sogar der Staat beschäftigte sich mit dem zunehmend allgegenwärtigen Thema Sexualität und produzierte 1967 unter der Leitung von Gesundheitsministerin Strobel einen Aufklärungsfilm mit dem Namen »Helga« und 1969 ein »Sexualkunde-Atlas«.

3.3. Studentenbewegung

1968 als dann fast alles mit Sex in Verbindung gebracht wurde und die Flut der Artikel, Vorträge und Diskussionsveranstaltungen zur Frage der sexuellen Aufklärung die meisten Menschen erreicht hatte, kam es dann zur legendären Studentenbewegung. Es ging um die Befreiung der Sexualität vom repressiven Charakter der christlichen Sexualmoral, um Kulturrevolution und Revolutionierung des Alltags. Geistige Väter der Bewegung waren der Philosoph Marcuse[22] und vor allem der Sexualforscher, Freudschüler und Kommunist Wilhelm Reich.

---

22 Herbert Marcuse, bezieht den sexualpsychologischen Begriff Reichs in seinem Buch Der eindimensionale Mensch auch auf die Kultur der Industriegesellschaften. Er prägte den Begriff der repressiven Entsublimierung

*Abbildung 15: Wilhelm Reich, Taschenbücher: Fischer
Verlag 1975, 1972 und Kiepenheuer & Witsch 1969*

Für Reich war die Ursache von Neurosen in »gestauter Sexualenergie« zu sehen. Seelische und körperliche Vorgänge gehörten für ihn zusammen, er sah die Ursache vieler Störungen, neben gesellschaftlichen Zusammenhängen, in einem Charakterpanzer begründet. Mit der von ihm entwickelten Körpertherapie legte er den Grundstein für mehrere alternative Therapieformen wie z.B. der Urschreitherapie, der Bioenergetik und der Gestalttherapie.[23]

Reichs Konzept war eine befreite Sexualität ohne gesellschaftliche Zwänge. Er wurde zum »Sexpapst der APO« (Außerparlamentarischen Opposition), wie sich die Initiatoren der Bewegung nannten. Die legendäre Kommune I, die Promiskuität predigte, wurde dann auch sehr

---

23 Majewska, Magda: Befreiung oder Flexibilisierung? Sexualwissenschaft, amerikanische Gegenkultur und die Idee der sexuellen Revolution, in: Sexuologie, Bd. 26, Heft 3-4, 2019, S.121

schnell zur Projektionswand für unausgelebte sexuelle Wünsche. Die Presse setzte fälschlicherweise »Selbstbefreiung« gleich mit sexueller Enthemmung.

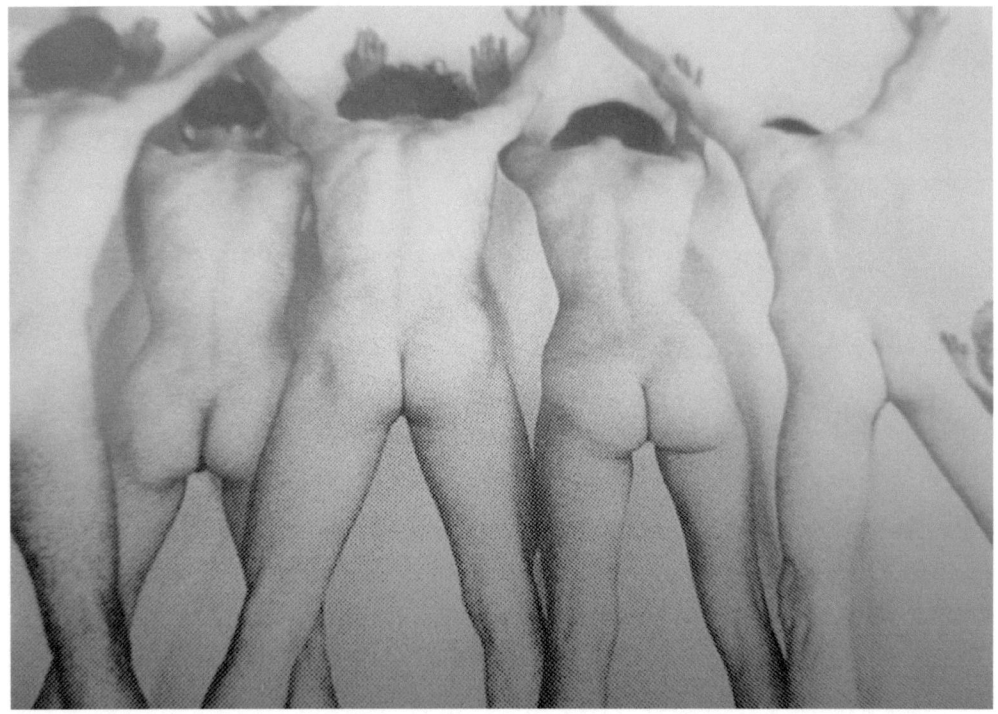

Abbildung 16: Foto: Thomas Hesterberg, 1967, Die Kommune 1 der 68er Bewegung

Legendär wurde das Zitat: »Wer einmal mit derselben pennt, gehört zum Establishment«. Dieses Zitat ist frauenfeindlich (!), denn es beinhaltet, dass Frauen zur freien, sexuellen Benutzung zur Verfügung zu stehen haben, benutzbar, und nach Belieben auswechselbar sind.

*Das Interesse der Medien am Kommune-Leben ist immens.
Uschi Obermeier und Rainer Langhans entwickeln sich zu
Deutschlands Vorzeige-Kommunarden.*

*Abbildung 17: Rainer Langhans und Uschi Obermeier in: Anette Kuhn (Hrg.)
Die Chronik der Frauen, Chronik Verlag, Dortmund1992, S. 565*

3.4. Die neue Frauenbewegung

Das Wort »Feminismus« war bis dato ein Schimpfwort, das es zu ver-
wandeln galt. Frauen wurden in der Studentenbewegung zunächst
nicht als eine eigenständige Gruppe mit eigenen Bedürfnissen wahr-
genommen. Der legendäre Tomatenwurf von Sigrid Rüger auf einer
SDS (Sozialistischer Deutscher Studentenbund)-Sitzung, die damit für
Helke Sander einen Redebeitrag erzwang, in der sie den Männern Ar-
roganz, Frauenfeindlichkeit und männliche Dominanz vorwarf, steht

für den Beginn der zweiten Welle der Frauenbewegung[24] Helke Sander, ist auch eine der Gründerinnen der Kinderläden und des »Aktionsrat zur Befreiung der Frauen«, der sich 1969 wieder auflöste.[25] In ihrer Frauenrede auf einer SDS Versammlung sagte sie: »Wir können mit der Lösung der gesellschaftlichen Unterdrückung der Frauen nicht auf die Zeiten nach der Revolution warten.«

3.4.1. Kinderläden und antiautoritäre Erziehung

Ursprünglich wurde die Bewegung der Kinderläden von jungen Müttern gegründet um sich gegenseitig zu helfen. Es war eine selbstorganisierte Kinderbetreuung in leerstehenden Tante-Emma-Läden.[26] Sie sollten den Frauen ermöglichen auch mal Zeit für sich selbst zu haben, denn Männer fühlten sich fürs Baby-sitten oder zur Mithilfe im Haushalt nicht zuständig. Diese Bewegung wurde jedoch sehr schnell von den Männern vereinnahmt und von ihnen zu einem »politischen Projekt« gemacht. Kinderläden gab es zuerst in Berlin und Frankfurt. In den Kinderläden wurde eine neue, antiautoritäre Art der Kindererziehung praktiziert.

Diese entwickelte allerdings hier und dort eine umstrittene Eigendynamik, die aus heutiger Sicht völlig abgelehnt wird. Man erlaubte nicht nur Kindern beim Sexualverkehr Erwachsener zuzuschauen, sondern propagierte sogar Sex zwischen Erwachsenen und Kindern, weil man glaubte, dass dies der Sexualaufklärung diene.[27]

---

24 Die erste Welle wird auf Anfang des Jahrhunderts, bis zur Erreichung des Frauen-Wahlrechts im November 1918 datiert
25 CheSchahShit, Die sechziger Jahre zwischen Cocktail und Molotow, Berlin, Elefanten Press, , 1984, S. 173
26 Das waren früher kleine Lebensmittelläden mit einer Theke und Bedienung. Sie wurden nach und nach durch die modernen Selbstbedienungsläden ersetzt
27 Herzog,Dagmar: Sexuelle Traumatisierung und traumatisierte Sexualität Die westdeutsche Sexualwissenschaft im Wandel, in: Baader, Sophia Meike et.al.

Abbildung 18:
Autorenkollektiv Kinderläden,
Revolution der Erziehung oder
Erziehung zur Revolution,
Reinbeck bei Hamburg,
Taschenbuch 1971

Man überließ sogar Pädophilen das Feld und gab ihnen Raum um in pädagogischen Zeitschriften ihre Sicht der Dinge darzustellen. In den Diskursen über die »Entgrenzung von kindlicher und erwachsener Sexualität in den 1970er Jahren« ging es grundsätzlich darum Tabuisierungen im Bereich der Sexualität aufzubrechen und zu problematisieren.[28] Ein Satz des Sexualwissenschaftlers Schorsch, von dem er sich später distanzierte, erlang diesbezüglich an Bedeutung: »Ein gesundes Kind in einer intakten Umgebung verarbeitet nichtgewalttätige sexuelle Erlebnisse

(Hg.) Tabubruch und Entgrenzung. Kindheit und Sexualität nach 1968, Bd.49, Beiträge zur historischen Bildungsforschung, Köln, Böhlau Verlag, 2017, S. 37 f.

28 Baader, Meike Sophia et.al.:. Zwischen Politisierung, Pädosexualität und Befreiung aus dem »Getto der Kindheit« Diskurse über die Entgrenzung von kindlicher und erwachsener Sexualität in den 1979er Jahren, in: Baader, Meike Sophia et.al, Tabubruch und Entgrenzung Kindheit und Sexualität nach 1968, et. al (Hg.) Beiträge zur historischen Bildungsforschung, Bd. 49, Köln, Böhlau Verlag 2017, S.55

mit Erwachsenen ohne negativen Dauerfolgen«[29] Man weiß heute, dass dies so nicht zutrifft, denn ein wirklicher Konsens auf Augenhöhe, ist zwischen einem Erwachsenen und einem Kind nicht möglich.

3.5. Prostitution als Konsumartikel

3.5.1. Schrittmacherfunktion und Prostitution

Partnertausch, Gruppensex und Scheunenparties wurden anfangs vorwiegend mit Call-Girls zelebriert. Modetrends und Trends im Bereich der Sexualität wurden von diesen schon praktiziert bevor sie der allgemeinen Masse zugänglich wurden, so dass ihnen eine gewisse Schrittmacherfunktion zukam beim Auftreten neuer Strömungen im Sexualverhalten. Auch wurden neue Sexualpraktiken meist zuerst mit Prostituierten ausprobiert, die sich stets auf die sexuellen Wünsche ihrer Kunden einstellten bzw. einzustellen hatten.

Die Modeerscheinung des Minirocks, bedeutete für Prostituierte zunächst die Möglichkeit einer Reizoptimierung, die sich im Zusammenhang mit der zunehmenden sexuellen Freizügigkeit aber negativ auswirkte, weil dies die Prostituierten letztendlich zwang »mehr Leistung« für weniger Geld anzubieten.

Zum Standard-Service gehörte der normale Geschlechtsverkehr mit Kondom in voller Bekleidung. Die übliche Taxe hierfür betrug 30 DM für 10 Minuten. Für alles andere hatte der Freier extra zu bezahlen. Eine sehr gefragte Neuheit galt noch Ende der Sechziger Jahre das Vorführen von Pornofilmen auf dem Zimmer der Prostituierten für 80

---

29 Schorsch, Eberhard: zit. in: Dannecker, Martin: Das Drama der Sexualität, Frankfurt/Main, Athenäum, 1987, S.73

bis 100 DM. Es war damals unüblich spärlich bekleidet im Bikini zu arbeiten. Nacktheit und/oder der Austausch von Zärtlichkeiten war ein relatives Tabu. Andere Praktiken wie der Fellatio, Cunnilingus oder der Analverkehr gehörten zu den Perversitäten, auf die sich nur wenige Frauen spezialisiert hatten. Die Frauen kontrollierten sich in den Bordellen gegenseitig, indem sie z.B. die Kondome im Abfalleimer zählten. Auf dem Straßenstrich und in der Appartementprostitution wurden die Frauen von ihren Zuhältern kontrolliert oder diese schickten Testfreier.

In den Bordellen und Clubs hatte jede Frau ihre eigene Masche. Viele trimmten sich auf einen bestimmten Typ von Frau, den Lolita-Typ, die Kindfrau, die Naive oder die Domina. Die Frauen standen meist in Türnähe oder saßen hinter einer Art Schaufenster, dem Koberfenster, wo sich die Frauen optisch wie auf einem Präsentierteller darboten. Während in den Bordellstaßen und dem Straßen- und Autostrich die grelle Aufmachung bevorzugt wurde, vermied man jede Art von Auffälligkeit in den höheren Kreisen der Prostitution.

Viele Frauen spezialisierten sich auch auf bestimmte Freiertypen, wie z.B. auf Gastarbeiter oder »Männer im Anzug«. Frauen die in der gehobenen Form der Prostitution nachgingen, hatten oft bis zu 90% Stammfreier.

In den 60 er Jahren kam einiges im Bereich der Sexualität in Bewegung, aber vielfach galten noch die Normen aus den 50zigern und die Menschen waren innerlich noch unfrei und voller Vorurteile. Frauen wurden schnell beschimpft als Hure, Schlampe und Flittchen. Die Sexwelle hat nicht die erhoffte Freiheit gebracht, aber viele Veränderungen, mit teilweise überschießender Entwicklung. Insbesondere auf gesellschaftlichem Gebiet wurden neue Entwicklungen angestoßen.

4. Die 70er Jahre – Einstellungswandel

4.1. Die Stern Aktion

Aufgrund der vielen illegalen Abtreibungen[30] initiierte Alice Schwarzer 1971 eine Aktion mit Hilfe der Zeitschrift Stern. 374 Frauen bekannten sich: »Ich habe abgetrieben und fordere das Recht für jede Frau dazu!«. Auf dem Titelbild waren zahlreiche prominente Frauen abgebildet. Nach dieser Aktion war das Thema in aller Munde.[31]

---

30 Herzog, Dagmar: Die Politisierung der Lust Sexualität in der deutschen Geschichte des 20. Jahrhunderts, München, Siedler Verlag, 2005, S.157
31 Schwarzer, Alice: Lebenslauf, Köln, Kiepenheuer & Witsch, 2012, S. 235ff

Abbildung 19: Stern 06.06.1971

In der Folgezeit kam die neue Frauenbewegung erst richtig in Schwung. Im März 1972 auf dem »1. Bundesfrauenkongress« in Frankfurt erkannten sie, dass »die Unterdrückung der Frauen in einem umfassenden gesellschaftlichen Zusammenhang zu sehen ist«. Das offizielle

Signal für eine deutsche Frauenbewegung war gegeben.[32] Es entstanden Frauengruppen, Frauenzentren, Frauenberatungsstellen, Frauenselbsterfahrungsgruppen, Frauenbuchläden, Frauenzeitungen,[33] Frauenhäuser und der Frauennotruf.

Abbildung 20: Frauenbuchladen, Quelle unbekannt

---

32 Kuhn, Annette: (Hrg.) Die Chronik der Frauen, Chronik Verlag, Dortmund 1992, S. 589
33 EMMA wurde im Januar 1977 von einem Kollektiv um Alice Schwarzer gegründet und die Frauenzeitschrift COURAGE erschien von 1976 bis 1984 monatlich

4.2. Frauenhäuser und Frauenberatungsstellen

Die Frauenhausbewegung, hervorgegangen aus der internationalen Frauenbewegung der 70er Jahre, ist Ausdruck der von den Fraueninitiativen angeregten öffentlichen Auseinandersetzung mit den verschiedenen Formen von Gewalt gegen Frauen. Das Selbsthilfeprojekt bietet misshandelten Frauen eine Zufluchtsstätte. Die meisten Frauen suchen Schutz vor ihren sie misshandelnden Männern. Auch Beratungsstellen für misshandelte und vergewaltigte Frauen entstehen in vielen Städten. Vergewaltigung in der Ehe galt lange als ein gesellschaftliches Tabu. Sie ist erst seit 1997 ein Straftatbestand, zuvor galt sie allenfalls als Nötigung. 1976 wird das erste Frauenhaus in Berlin eröffnet und im Jahr 2012 gibt es in Deutschland bereits 356 Frauenhäuser.

1977 protestieren hunderte Frauen gegen Vergewaltigung. Im Flugblatt hieß es: »in der BRD werden 35 000 Frauen im Jahr vergewaltigt. Davon werden 7 000 Vergewaltigungen angezeigt und nur 700 Vergewaltiger verurteilt (0.5%)«[34]

Abbildung 21: Plakat »Schrei laut – Gegen Männergewalt ein Frauenhaus, 1976: Informationsblätter zu der Ausstellung »Frauenalltag und Frauenbewegung in Frankfurt 1890-1980, Historisches Museum Frankfurt 1981, S.147

---

34   vgl. EMMA, Die Chronik der Frauenbewegung, 2012

Während die Quote der Verurteilungen 2012 noch bei 8,4 Prozent gelegen habe, so sank diese 2015 auf 7,7 % der angezeigten Vergewaltigungen.[35]

4.3. Frauenbücher und Frauenforschung

Abbildung 22: Anette Kuhn (Hrg.) Die Chronik der Frauen,
Chronik Verlag Dortmund 1992, S. 586

Die hier abgebildeten Bücher wurden alle zu Bestsellern. Sie lösten eine ganze Reihe von weiteren Publikationen zu Frauenthemen aus, wie z.B. 1976 das Buch von Marielouise Janssen-Jurreit: »Sexismus« oder von Anne Koedt: »Der Mythos vom vaginalen Orgasmus«.

Die UN (United Nations) Vereinte Nationen, deren Aufgabe u.a. der Schutz der Menschenrechte ist, erklären 1975 zum »Jahr der Frau«. Im gleichen Jahr findet in Mexiko die erste Weltfrauenkonferenz der UN statt.

---

35 Zeit online 7.4.14

Außerdem fand 1977 in Berlin die erste Sommeruniversität für Frauen zum Thema »Frauen und Wissenschaft« statt, die sich in den folgenden Jahren zu einer ständigen Einrichtung entwickelt hat.[36]

Simone de Beauvoir eine der bekanntesten Vordenkerinnen, wurde zur Ikone der neuen Frauenbewegung. Die legendäre Schlüsselbotschaft ihres Buches: »Das andere Geschlecht Sitte und Sexus der Frau« war: Man wird nicht als Frau geboren, sondern dazu gemacht[37]

Abbildung 23: Beauvoir, S.: Das andere Geschlecht Sitte und Sexus der Frau, 1974, gettyimages Credit: Photo Researcher

4.3.1. Neue Forschungsergebnisse auf dem Gebiet der Sexualität

Neben vielen Büchern von Frauen für Frauen, fanden vor allem auch die Forschungsergebnisse über die Sexualität des Menschen von Masters & Johnson große Beachtung. Sie hatten über mehrere Jahre das Sexualverhalten der Menschen erforscht und wiesen experimentell nach, dass Frauen über eine größere sexuelle Reaktionsbereitschaft verfügen als Männer

---

36 Kuhn, S. 589
37 Beauvoir, Simone: Das andere Geschlecht Sitte und Sexus der Frau, Rowohlt Verlag Reinbek bei Hamburg, 1974. Die Erstauflage erfolgte schon 1949 in Paris unter dem Titel: Le Deuxième Sex und 1951 auf deutsch.

und multiple Orgasmen haben können. Sie konnten damit viele falsche Vorstellungen über Sexualität widerlegen. Ihr bekanntestes Buch »Die sexuelle Reaktion« erschien (1966 in den USA) und 1970 in Deutschland.[38/39]

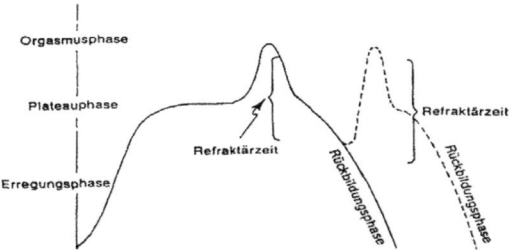

Abb. 1 a: Der sexuelle Reaktionszyklus des Mannes (aus: Masters, W. H. Johnson, V. E.: *Die sexuelle Reaktion*. Akademische Verlagsgesellschaft, Frankfurt 1967)

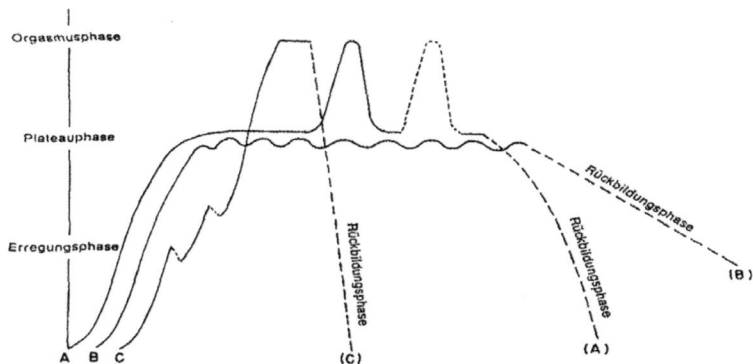

Abb. 1 b: Der sexuelle Reaktionszyklus der Frau (aus: Masters, W. H. Johnson, V. E.: *Die sexuelle Reaktion*. Akademische Verlagsgesellschaft, Frankfurt/Main 1967, verschiedene Verläufe (A, B, C)

Abbildung 24: 1a: Der sexuelle Reaktionszyklus des Mannes und der Frau: Master, WH. Johnson, V.E.: Die sexuelle Reaktion. Akademische Verlagsgesellschaft, Frankfurt 1967

---

38   Masters, W.H., V.E. Johnson: Die sexuelle Reaktion, Hamburg, rororo Taschenbuch, 1970

39   vgl. Janssen-Jurreit, Marielouise: Sexismus Über die Abtreibung der Frauenfrage, Hamburg, Fischer Taschenbuch, 1979, S.535

Neben vielen Veröffentlichungen entwickelten sie auch eine Form der Sexualtherapie, die heute noch Anwendung findet.

1976 erschien dann der Hite Report »Das sexuelle Erleben der Frau«. Sie hatte 3000 Frauen nach ihrem Sexualleben befragt.[40]

Abbildung 25: Shere Hite, Hite Report Das sexuelle Erleben der Frau, Goldmann Sachbuch 1980

Obwohl eine Reihe alter Tabus, Vorurteile und Klischees in Frage gestellt und Veränderungen herbeigeführt wurden, ist man heute der Meinung dass es die »sexuelle Revolution« nicht gegeben hat, da sich an den grundlegenden Macht- und Gewaltverhältnissen nichts geändert hat. Was von der ersten Aufklärungswelle hängen blieb, waren sexual-technische Reformen, wie die Verlängerung des Akts um das Vorspiel und verschiedene Variationen von Coitustechniken.[41] Die Vermarktung der Frauen die zunehmend wie Sexualobjekte behandelt wurden, indem sie z.B. auf Titelseiten von Illustrierten, mehr oder weniger nackt oder mit gewagter Oberbekleidung abgebildet wurden, bewirkten keine Befreiung sondern neue Zwänge und Normen.

Während Frauen früher Lustunfähigkeit und Frigidität unterstellt

---

40 Shere Hite, Hite Report. Das sexuelle Erleben der Frau, deutsch: Goldmann Sachbuch 1980

41 Kreuzer, 1988, S.27

wurde, hatten sie jetzt Lust zu haben. Orgasmuspflicht herrschte für beide Geschlechter. Die offene Ehe oder der gemeinsame Besuch von Sexparties mit Gruppensex und Partnertausch war modern. Das Zusammenleben ohne Trauschein oder in Wohngemeinschaften setzte sich immer mehr durch und wurde nach und nach zu einer selbstverständlichen Form der Lebensgestaltung. Promiskuität war Trumpf, Jungfräulichkeit ein alter Hut. Wie Sexualforscher feststellten gab es zwischen dem verbalen Progressivismus und realem Verhalten jedoch eine große Lücke. Durch die Kommerzialisierung alles Sexuellen kam es zu keiner Befreiung sondern zu einer »Scheinsexualisierung«[42]

Wie sexualmedizinische Untersuchungen zeigen, änderten sich sexuelle Verhaltensmuster, entgegen der Annahme vor allem der Medien, nur langsam. Bei Befragungen 1968/69 und 1970 stellte man fest, dass der erste Coitus ca. drei bis vier Jahre früher stattfand, als noch ein Jahrzehnt zuvor und vorehelicher Sexualverkehr von den meisten der Befragten nur partnerzentriert praktiziert wurde. Heute spricht man von der sogenannten »passageren Monogamie«.

Als Gegentrend und Reaktion auf die zunehmende sexuelle Verödung, Promiskuität und Beziehungslosigkeit entstand schon ab Mitte der Siebziger die sogenannte Beziehungs-Diskussion, »...das Bespiegeln der Partnerschaft durch pausenloses Reden über Wünsche, Probleme, Konflikte usw....« und ein Trend zur Single-Bewegung bzw. zu einem Rückzug und Abkehr von Partnerschaften. In der Folge kam dann zu einem Psychoboom. Man traf sich in Selbsthilfegruppen und tauschte sich aus und hinterfragte die eigene Rolle. Desweiteren kam es zu einer neuen Mütter- und Väterlichkeit und einer sich breit machenden Lust- und Ratlosigkeit. Es wurde nach neuen Formen der Partnerschaft und

---

42 Ussel, Jos van: Sexualunterdrückung, Geschichte der Sexualfeindschaft Texte zu Sozialgeschichte und Alltagsleben, Gießen, Focus-Verlag 1977, S. 217

Sexualität gesucht. Es ging z.B. um die Frage, ob und wie eine offene Partnerschaft und Polyamorie (verschiedene Partnerschaften gleichzeitig) gelebt werden kann und inwiefern die Ehe ein Auslaufmodell ist. Sadomasochistische Praktiken erlebten einerseits ein Aufschwung und andererseits gab es eine »neue Moral« d. h. ein Trend zur Rückkehr althergebrachter Paarbeziehungen.

4.4. Wichtige Gesetzesänderungen

Mit der Sexualstrafgesetzgebung von 1973 wurde der Kuppeleiparagraph abgeschafft, der es Eltern untersagte, z.B. den Freund der Tochter im gleichen Haus oder Zimmer übernachten zu lassen. Und 1976 wurde nach langer Diskussion der § 218 reformiert. Nach der neuen Indikationslösung konnten Frauen bis zur 12. Schwangerschaftswoche bei sozialer, medizinischer und ethischer Indikation eine Schwangerschaft straffrei unterbrechen. In der ehemaligen DDR galt seit 1972 bereits die Fristenlösung, die erst seit 1993 in ganz Deutschland gilt. Ein Schwangerschaftsabbruch ist nach einer ergebnisoffenen Beratung durch eine anerkannte Schwangerschafts-konfliktberatungsstelle nach entsprechender Indikation bis zur 22 zigsten Woche möglich.

Seit 2015 gibt es die »Morning-After-Pille«, die sogenannte Pille danach, damit erst gar keine Schwangerschaft entsteht. Und seit 1977 gilt bei der Ehescheidung das Zerrüttungsprinzip, das Schuldprinzip wurde mit dem neuen Recht abgelöst.

Nach § 1356 hatte die Frau zwar das Recht, erwerbstätig zu sein, jedoch nur, »soweit dies mit ihren Pflichten in Ehe und Familie vereinbar ist« und der Ehemann nicht Einspruch erhebt. Bis 1977 konnte der Ehemann den Job der Frau ohne Angabe von Gründen kündigen. Aber nach § 1360 war sie zur Arbeit verpflichtet, wenn die Einkünfte des

Ehemannes nicht ausreichen. Und erst seit 1980 haben Frauen einen Rechtsanspruch auf den gleichen Lohn wie Männer. Der Gender-Pay-Gap[43] von 21,8 % beweist allerdings, dass dieses Recht vielerorts immer noch nicht umgesetzt wird.[44] Seit 1975 können die Ehepartner vor der Ehe entscheiden, welchen Ehenamen sie annehmen wollen, den der Frau oder den des Mannes.[45]

4.5. Sexuelle Liberalisierung und Prostitution

Durch die allgemeine sexuelle Liberalisierung war die Prostitution nicht überflüssig geworden, sie veränderte nur ihre Form und passte sich dem allgemeinen Zeitgeist an. Es entstanden zwei große Trends. Zum einen gab es einen Trend wo der Verkauf der Ware Frau immer offensichtlicher und die Verhüllung immer weniger wurde, zum anderen einen Gegen-Trend, bei dem in der Prostitution alles Kompromittierende und Indezente vermieden wurde.

4.5.1. Prostitution Konsumgut für Jeder-Mann

Schon Mitte der 60er hatten Milieufremde entdeckt, dass das Geschäft mit Sex und insbesondere mit der Prostitution sehr lukrativ ist. Durch Investition und Rationalisierung entstanden internationale Organisationsstrukturen die eine Verflechtung des Sex-Marktes zur Folge hatten. So gab es schon 1973 länderübergreifende Bordellimperien.

---

43 Damit wird die Lohnlücke oder das geschlechtsspezifische Lohngefälle, bezeichnet
44 Als dritte Frau hat die Ökonomin Claudia Goldin den Nobelpreis für Wirtschaftswissenschaften erhalten, für die Aufdeckung der wichtigsten Ursachen für geschlechtsspezifische Unterschiede auf dem Arbeitsmarkt
45 vgl. Janssen-Jurreit, 1979, S. 320

Die Betreiber warben mit ihnen sogar als gute Kapitalanlage.[46] Mit den Eros-Centern entstand ein neuer Bordelltyp nach dem Prinzip der größtmöglichen Profiterzeugung. Eros-Center, vom Staat abgesegnete Prostitutionshotels gab es alsbald in vielen Städten in exponierter Lage. Frauen haben sich dort nur spärlich bekleidet in einem Kontakthof den Männern anzubieten. Bordellartige Betriebe mit und ohne Kontakthof entstanden in vielen Städten. Bei Bordellen ohne Kontakthof spricht man von einem »Laufhaus«, weil die Freier über mehrere Stockwerke von Zimmer zu Zimmer gehen können, wo die Frauen vor ihren Zimmern meist leicht bekleidet, auf Freier warten. Die Bordelle werden von Verwaltern und Verwalterinnen bzw. Wirtschaftern und Wirtschafterinnen überwacht und dirigiert. Zu den Aufgaben eines Wirtschafters oder einer Wirtschafterin gehört es, für Ruhe, Ordnung und Sicherheit zu sorgen und die wirtschaftlichen Belange wahr zu nehmen. D.h. die Zimmermiete zu kassieren, die 1979 bei 100 DM und 1986 bis zu 170 DM pro Tag betrug, sowie die »Blockkosten« d.h. Kosten für Essen (belegte Brote), Kondome, Papiertücher, Zimmerreinigung, Bettwäsche, Pflichttrinkgeld etc. zu kassieren, die nochmal 30 bis 60% des Mietpreises betrugen. Man kann sich leicht ausrechnen, wie viele Freier von einer Frau bedient werden mussten, nur, um ihr »Kopfgeld« d.h. ihre meist horrenden Fixkosten zu bezahlen.[47] Im Bereich der Straßenprostitution zeigte sich ebenfalls ein sehr negativer Trend und zwar hin zur Drogenprostitution. Die Zahl der Drogentoten stieg von 1972 bis 1975 von 2000 auf 25.000.

---

46 Kreuzer, 1988, S. 265
47 Kreuzer, 1988, S.267f

4.5.2. Luxusprostitution – Angebot für gehobene Ansprüche

Im Gegensatz zum Massenbetrieb der Großbordelle stieg die Nachfrage nach einem gehobenen Ambiente. Für zahlungskräftige Gäste gab es mehr und mehrluxuriöse Nachtclubs und Animierbars mit z.B. monatlich wechselnden Stripteasetänzerinnen oder Haustänzerinnen und Bardamen in eleganten Abendkleidern. Um der Prostitution einen privaten Charakter zu verleihen und alles Indezente zu vermeiden entwickelten sich für gehobene Ansprüche neue Formen der Prostitution.

4.5.3. Hostessen, Masseusen, Fotomodelle und Gesellschafterinnen

Der Begriff Call-Girl war inzwischen ubiquitär geworden und bezog sich nur noch auf den gehobenen Service und nicht mehr auf die Art der Kontaktanbahnung. In der Boulevardpresse warben inzwischen immer mehr Hostessen, Masseusen, Fotomodelle und Gesellschafterinnen für ihr Dienste, die sie in Appartementwohnungen alleine oder mit mehreren erbrachten. Um den Sonderwünschen ihrer Kunden gerecht zu werden, stilisierten sich viele Frauen auf einen bestimmten Typ, wie den der Französin, Spanierin oder als »fesche Bayrin« etc.. Callgirls, die auch Haus- oder Hotelbesuche machten waren gefragt und konnten leicht pro Freier ohne Sonderwünsche 200 bis 400 DM kassieren.[48]

4.5.4. Clubs, Saunen, Wohngemeinschaften und Studios

Clubs, Massagesalons, Kosmetikinstitute, Sauna-Bordelle und exklusive Badehäuser eröffneten nach und nach auch in weniger renommierten Gegenden vieler Städte. Der Trend ging hin zu einer eleganten und fröhlichen Atmosphäre.[49] In den »du-darfst-alles-Salons« wurde der Freier als Gast betrachtet. Er hatte ein Eintrittsgeld von 20-50 DM zu

---

48 Kreuzer, 1988, S. 272f
49 Kreuzer, 1988, S.273

bezahlen, wofür er lediglich die Einrichtung benutzen durfte oder er zahlte eine Zeitpauschale. 1976 betrug diese z.B. im Tucholsky einem Frankfurter Nobelbordell pro Stunde 150 DM und 1985 180 DM. Der Service reichte von der Pornofilmvorführung oder Videoaufnahmen von der eigenen sexuellen Aktivität, über Sauna, Whirlpool, Sexmassage bis hin zum Sektschaumbad und kulinarischen Genüssen. Für jedes Extra, insbesondere die Inanspruchnahme sexueller Dienstleistungen, Getränke etc. hatte der Kunde extra zu zahlen. Auch der Austausch von Küssen und Zärtlichkeiten gehörte zum Service. Die Frauen bekamen ihr Geld pauschal pro bedientem Kunde z.B. 140 DM. Sie hatten aber für die Zimmerbenutzung 75 DM pro Tag zu bezahlen oder sie bekamen 30-50% von den Zahlungen des Gastes, den sie bedient haben. Je nach Stil des Hauses arbeiteten die Frauen im Abendkleid, im Negligé oder auch nackt. Die Arbeitszeiten richteten sich nach den Cluböffnungs-zeiten des Clubs. Es entstanden auch Clubs für ganz spezielle Wünsche, mit Folterkammern oder medizinischen Utensilien. Frauen, die sich auf perverse Praktiken spezialisiert haben, konnten das meiste Geld verdienen. Zur Belebung des Geschäfts, wurden die Frauen nach einer bestimmten Zeit, zwischen verschiedenen Clubs und Städten ausge-tauscht. Entsprechende Vermittlungsdienste leisteten Hostessen- und Bekanntschaftsagenturen.

Außerdem veranstalteten Clubs an Wochenenden Partys mit Part-nertausch für Paare oder »Herrenabende«. Hierfür wurde der entspre-chende Frauentyp zur Verfügung gestellt. Die Frauen bekamen ledig-lich einen Pauschalbetrag der 1976 bei ca. 150 DM lag.[50]

---

50 Kreuzer, 1988, S.277

4.5.5. Reizverstärkung contra Inflation

Heiratsinstitute, Partnerschaftsagenturen und -vermittlungen hatten sich seit Anfang der 70er Jahre auf das Geschäft mit exotischen Frauen spezialisiert. Für einen Kaufpreis zwischen 3.000 und 12.000DM wurden Frauen in Zeitungsanzeigen, wie Ware in einem Versandhauskatalog, angeboten. Viele Männer kauften sich in Asien direkt, vor Ort oder per Katalog eine Frau auf Zeit.

Wenn sie ihnen gefiel wurde sie importiert und geheiratet, und wenn sie ihnen überdrüssig geworden waren, wurde sie einfach abgeschoben.

Es wurden viele Frauen auch zum Zwecke der Prostitution angeworben, getäuscht, verschoben, missbraucht und sexuell ausgebeutet.[51]

---

51 Barry, Kathleen: Sexuelle Versklavung von Frauen, Berlin, Sub-rosa Frauen-
    verlag,1983, S. 87

it dem Frauenhandel bluht

...zzia in einem Bordell in Bangkok; obwohl in Thailand die Prostit'
...erboten ist, gilt sie als die größte und finanzstärkste Industrie im

Abbildung 26: Geschäft mit dem Frauenhandel blüht.
Razzia in einem Bordell in Bangkok, in: Anette Kuhn (Hrg.)
Die Chronik der Frauen, Chronik Verlag 1992, S. 602

Anfang der 70er Jahre florierte das Geschäft mit der Ware Frau noch
vorzüglich, so dass durch den Bau vieler Großbordelle eine Überkapa-
zität entstand. Schon Mitte der 70er Jahre hatten viele dieser Häuser
Mühe genügend Frauen für ihre Bordelle zu finden. Auch die Anzahl
der Kunden stagnierte. Die Bordellbetreiber reagierten mit aggressiver Werbung. Mit Hilfe international operierender Zuhälterorga-
nisationen heuerten Bordellbesitzer zunehmend ausländische Prostituierte an. Der Menschenhandel nahm zu. Im Laufe der Zeit ergab
sich in den Bordellen dadurch eine Umstrukturierung. Zuerst waren

es Südamerikanerinnen mit italienischem Pass, die in Italien Schein-ehen eingegangen waren, dann Portugiesierinnen und Ghanesierin-nen, dann auch Französinnen und mehr und mehr Asiatinnen, wobei es vorwiegend Thailänderinnen waren.[52] Die meisten waren über den Weg der Scheinehe in deutsche Bordelle vermittelt worden. Gefragt war jede Art von Exotinnen. Sie bedeuteten für das Geschäft mit der Prostitution eine Reizverstärkung. Bedingt durch die immer härter werdende Konkurrenz, gingen ab Mitte er 70er Jahre viele Frauen dazu über, mehr Service für das gleiche Geld anzubieten. Oral- und Analverkehr gehörten bald ebenso zum Standard-Service wie das Arbeiten in nur spärlicher Kleidung.[53] Viele deutsche Prostituierte glaubten, dass zuerst die Ausländerinnen ihre Dienste zu Dumping-Preisen angeboten hätten und zudem ohne Schutz und sich pro Kunde mehr Zeit genommen hatten. Dadurch wurden die Ausländerinnen zur Zielscheibe von Projektionen und mussten auch noch die Ächtung der selbst Geächteten ertragen.

---

52 Remling, Jürgen, Kapitulation vor dem Verbrechen, in: Polizei, Technik, Verkehr, Sonderausgabe zur 49. Internationalen Automobilausstellung Frankfurt am Main, 1981, S. 28
53 Kreuzer, 1988, S. 179

4.5.6. Peep-Shows

Die Peep-Shows (verstohlen gucken) waren eine neue Variante der Prostitution

Abbildung 27: Peep Show: https://v.ftcdn.net/04/96/27/30/700_F_496273026_qykmMnrtbIpp1YLzo3D8nAh0XJycUSYa_ST.mp4

für den »kleinen Mann«. Die erste Peep-Show wurde 1976 in München eröffnet. 1982 gab es in Frankfurt/Main sechs Peep-Shows. Peep-Shows machten meist schon von außen mit grell flackernder Leuchtreklame auf sich aufmerksam. Am Eingang wurde mit Sex-Artikeln, Aphrodisiaka etc. geworben. Eine Peep-Show bestandaus einem abgeschlossenen Raum, in dessen Mitte sich eine langsam drehende Bühne befand, auf der sich alle 5 Minuten wechselnd eine andere Frau in sexuell aufreizender Pose zeigte. Rundherum um diese Scheibe befanden sich ca. 10 bis 20 knapp telefonzellengroße Kabinen mit Sichtfenstern, die sich im Minutentakt durch Klappen oder Vorhänge öffneten und schlossen. Der Kunde warf 1 DM in einen Automaten, damit sich das Guckfenster für 1 Minute öffnete (siehe Foto). Verlängerung durch Nachzahlen war möglich. 90% der Männer onanierten in den Kabinen, weshalb, Papiertücher und Abfalleimer in den Kabinen bereit standen. Die Frauen erhielten meist eine Tagespauschale zwischen 100 und 200 DM pro Schicht, die meist von morgens 9 oder 10 Uhr bis Mitternacht oder auch länger dauerte. Sie waren bei einer in München ansässigen Vermittlungszentrale mit Lohnsteuerkarte angestellt. Der Beischlaf mit Kunden war ihnen per Vertrag untersagt, sie konnten aber durch andere Varianten, wie Soloauftritte oder Extra-Vorführungen und Trinkgelder, ihren Verdienst aufbessern.

Durch ein Urteil des Bundesverwaltungsgerichts wurden 1981 Peep-Shows für sittenwidrig erklärt, weil die Frau «durch die Art und Weise der Darbietung erniedrigt und dadurch in ihrer Menschenwürde verletzt» werde. Hierdurch kam es zur vorübergehenden Schließung der Peep-Shows, indem erteilte Konzessionen widerrufen wurden. Die Betreiber beschritten den Rechtsweg, so dass Schließungen wieder rückgängig gemacht wurden und in der Folge neue Variationen ohne Glasscheiben entstanden. In Frankfurt entstanden z.B. sogenannte »Schnüffelbars«, wo der Kunde, nach Zahlung eines Eintrittgeldes für das er ein Getränk erhielt, sich direkt vor die sich drehende Scheibe setzen konnte, auf der sich eine Frau spärlich bekleidet und sexuell stimulierend präsentierte. Eine weitere neue Variante der Erotik, wie sie in Hamburg entstand, war die Präsentation von nackten Frauen in Solo-Boxen. Das waren Kabinen an den Seiten der Disco/des Clubs oder Glaskästen, die in einigen Metern Höhe angebracht waren, in denen sich eine Frau entsprechend präsentierte. Wenn die Gäste mehr wünschten, entschwanden diese mit dem Kunden in »Video-Duo-Kabinen« zum Ansehen eines Porno-Films oder in einem Separè. Es war auch möglich, dass sich Exhibitionisten in einer Peep-Show selbst zuschauendem und zahlendem Publikum präsentierten.[54]

4.5.7. Telefon-Sex

Eine weitere neue Variante war der Telefonsex, der schon in den USA bekannt war und 1977 in der Schweiz und Anfang der 80er Jahre auch in Deutschland praktiziert wurde. Der Anrufer hinterläßt Adresse und Telefonnummer und wird dann von der gewünschten Telefonsex-Partnerin zurückgerufen. Obwohl die Frau dem Anrufer als Onanierhilfe dient, handelt es sich im engeren Sinne nicht um Prostitution.

---

54 Kreuzer, 1988, S. 296

Die 70er waren das Jahrzehnt der Möglichkeiten, der Gegensätze, der Hoffnung und Enttäuschung. Es wurde viel ausprobiert, was viele überfordert hat — von der Norm abweichende Frauen wurden jetzt nicht mehr als Hure sondern als Emanze beschimpft — vor allem von den Männern

5. Die 80er Jahre – Jahrzehnt der Extreme, der Hoffnung und der Angst

In den 80er Jahren sorgte man sich um Frieden. Die Friedensbewegung erreichte ihren Höhepunkt und die Angst vor den Folgen der Umweltzerstörung nahm zu. 1980 gründeten sich die GRÜNEN und traten erstmals bei einer Bundestagswahl an. Es gab viele Hausbesetzungen und Kämpfe aufgrund leer stehender Häuser. 1986 explodierte das Atomkraftwerk in Tschernobyl, wodurch große Angst vor radioaktiver Verseuchung herrschte. Am 17.06.83 kam das erste Mobiltelefon auf den Markt. Es war damals noch sehr teuer. Doch schon Mitte 85 wurde es zum Statussymbol. Heute ist das Handy, ein Kleincomputer, zu einem Gebrauchsgegenstand geworden, denn es hilft beim Meeting ebenso wie beim Einkaufen, beim Online-Banking und der Partnersuche etc.. Mitte der 80er nahmen die Videotheken, die besonders bei Gastarbeitern beliebt waren, zu. Sie liehen sich dort vorwiegend Pornofilme aus und der Walkman, ein Kompaktcassettenspieler wurde modern. Neben AIDS, dem Angstthema der 80er Jahre, war der Mauerfall 1989 und die friedliche Revolution das Thema überhaupt. Dadurch kam es zu einem Umbruch im Osten. Spätaussiedler und Asylsuchende aus dem Nahen Osten strömten daraufhin in Massen nach Deutschland.

5.1. AIDS – die neue Seuche des Jahrhunderts

1981 wurde von den Frankfurter Professoren Helm und Stille ein neues Krankheitsbild, AIDS genannt, beschrieben. AIDS steht für »Acquired Immunodeficiency Syndrome« und bedeutet »Erworbenes Immunschwächesyndrom«. Menschen mit AIDS erkranken häufig an Lungenentzündungen (Pneumocystis carinii) und Pilzerkrankungen. Die Ansteckung mit dem HI -Virus erfolgt am häufigsten beim Geschlechtsverkehr. Der Erreger, ein Retrovirus, das Humane-Immundefizienz-Virus (HIV), wurde 1983 entdeckt. Das HIV befällt das Immunsystem und setzt die körpereigene Abwehr schleichend außer Gefecht. Anfangs verbreitete sich die Seuche fast nur unter promiskuitiven, homosexuellen Männern. Die 1983 von Aktivisten der Schwulenbewegung gegründete Deutsche Aids-Hilfe e. V. (DAH) mit Sitz in Berlin stellte im Grunde eine aus der Not geborene Protestgruppe dar, deren Ziel es war, der Diskriminierung erkrankter Homosexueller Widerstand zu leisten und auf tendenziöse Medienberichte mit einer Art »Gegenaufklärung« zu antworten. Da der Übertragungsweg vorwiegend durch Sexualkontakte erfolgt, glaubte man zunächst, dass es nur Menschen mit promiskuitivem Lebenswandel trifft. Bald waren aber auch Bluter und Drogenabhängige betroffen.

1985 wurde in allen Zeitungen über die neue Krankheit berichtet. AIDS wurde als die neue Seuche des Jahrhunderts beschrieben. Sexualität mit wechselnden Partnern wurde mit Krankheit und Tod gleichgesetzt. Die Gefahr, sich bei ungeschütztem Geschlechtsverkehr mit einem Infizierten anzustecken, ist bei Frauen doppelt so hoch wie für Männer[55] Man startete eine große Aufklärungskampagne. Safer Sex und Kondome wurden als Schutz vor Ansteckung propagiert. Angesichts der Macht-

---

55 Kreuzer, 1988, S.305f

losigkeit der medizinischen Forschung, einer vermuteten hohen Infektionsdunkelziffer (bedingt durch eine Latenzzeit von bis zu zehn Jahren und länger) und der Meldungen über soziale Ausgrenzungen erklärte

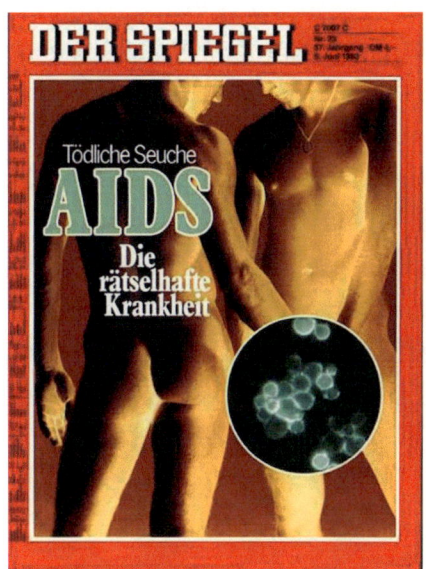

die damalige Bundesgesundheitsministerin Rita Süßmuth die Immunschwächekrankheit 1987 zu einer historischen Zäsur: »Vielleicht ist AIDS die größte moralische, medizinische, gesellschaftspolitische Herausforderung unserer Zeit.«[56] AIDS war das alles beherrschende Angst-Thema.

Abbildung 28: Der Spiegel Nr. 23 aus dem Jahr 1983: Tödliche Seuche AIDS Die rätselhafte Krankheit

5.2. AIDS und Prostitution

Seitdem »die Gesundheitsämter in den Großstädten regelmäßig Aidspositive Dirnen registrieren«, gab teilweise eine regelrechte AIDS-Hysterie. Es kam von den Behörden zu Tätigkeitsverboten für HIV-Antikörper-positive Frauen. Die Kirche sprach von einer Lust-Seuche und die Bild-Zeitung sprach von der Strafe Gottes für die zunehmende Promiskuität und stellte HIV-Infizierte Prostituierte als Virusschleuder an den Pranger. Laut Spiegel »denken viele Prostituierte ans Aus-

---

56 Rita Süssmut: Aids. Wege aus der Angst. Hoffmann und Campe, 1987

steigen«.[57] Viele sahen hierin keine reale Alternative, denn es fehlte an Möglichkeiten und Voraussetzungen hierfür. Es gab weder eine zielgruppenorientierte Aufklärung noch psychosoziale Betreuung. Drogenabhängige Prostituierte glaubten, sowieso »mit einem Bein im Grab zu stehen«. Dies führte hier und dort zu einer Desperadomentalität. Um Aufklärungskampagnen zu entwickeln, wurden von der Regierung neben Medizinern auch Vertreter der Prostituiertenorganisation »Hydra« zu einer Anhörung geladen. Als Mitgründerin des 1984 gegründeten Frankfurter Vereins HWG (**H**uren **W**ehren sich **Ge**meinsam), der anfänglich aus Prostituierten und Nichtprostituierten bestand, wurde 1986 von der Autorin ein Flyer zur HIV-Infektion und AIDS, speziell für in der Prostitution tätige Personen entworfen, der nicht nur in Frankfurter Bordellen verteilt wurde, sondern bundesweit Verbreitung fand.

5.3. Trend zu neuen, alten Werten

Allgemein kam es zu einer neuen Form der Enthaltsamkeit. Die freie Liebe war vorbei und zunehmend kam es wieder zu Vorurteilen gegenüber anders Denkenden und -lebenden. Es galt das Motto kein Risiko eingehen, Sex ist gefährlich. Menschen die häufig wechselnden Geschlechtsverkehr (hwg) praktizieren sind leichtsinnig und leben gefährlich.[58]

---

57 Der Spiegel: 23.02.1986, Pass auf dem Nachttisch, »Berufsverbote gegen Aids infizierte Prostituierte«, S. 209

58 Der Ausdruck hwg war bei den Gesundheitsämtern früher üblich für Prostituierte. Als eine Person mit hwg (häufig wechselndem Geschlechtsverkehr) konnte schon eine Frau die mehr als drei Geschlechtspartner hatte, eingestuft werden. Dies bedeutete, dass sie beim Gesundheitsamt als Prostituierte registriert wurde und sich wöchentlichen Zwangsuntersuchungen zu unterziehen hatte.

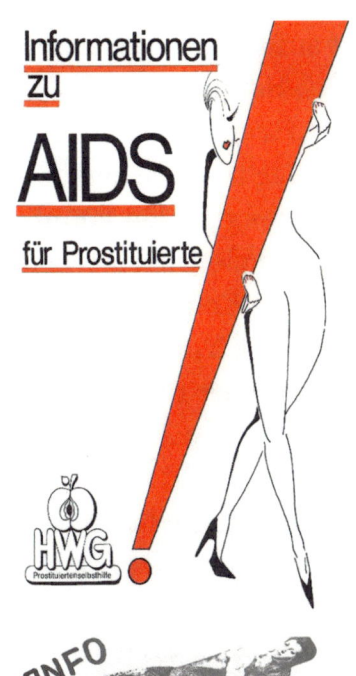

Abbildung 29: Aufklärungsbroschüre: Informationen zu AIDS für Prostituierte, HWG e.V. (Hrsg.) Kreuzer, Margot D. 1986

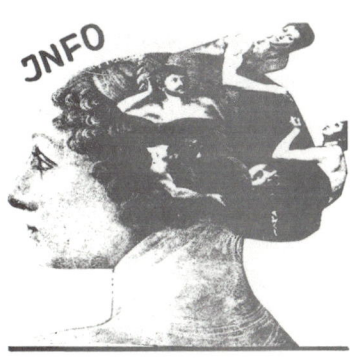

Abbildung 30: Aufklärungsflyer: Frauen und AIDS, HWG e.V. (Hrsg.), Kreuzer, Margot D., 1987

Seit Ausbruch der HIV-Pandemie starben bis Ende 2022 weltweit rund 40 Millionen Menschen an der Krankheit AIDS. 1,3 Millionen Menschen infizierten sich 2022 weltweit neu mit dem Virus und 630 000 starben im Zusammenhang mit ihrer HIV-Infektion. vgl.[59]

---

59   vgl. www.ärztezeitung.de, 12.07.2010

Anfang der 80er Jahre florierte das Geschäft aufgrund der Reizverstärkung mit Hilfe der Exotinnen noch ganz gut. Seitdem die Medien 1985 im großen Maßstab über die neue sexuell übertragbare Krankheit berichtet hatten und Prostitution als möglichen Weg beschrieben über den AIDS Eingang in die heterosexuelle Bevölkerung finden könnte, herrschte in der gesamten Prostitutionsbranche große Unsicherheit. Überall wurde ein Umsatzrückgang verzeichnet. Die Konkurrenz verschärfte sich dadurch erneut. Die zurückgehende Nachfrage senkte die Preise. Obwohl der Kondomgebrauch ein Schutz vor einer Infektion bedeutete, wurde diese Möglichkeit wenig benutzt, da dieses Angebot oft mit einer Infektion gleichgesetzt wurde. Aus diesem Grund arbeiteten viele Prostituierte auch aufgrund von Existenzängsten wieder ohne Kondomgebrauch. Viele Freier steckten entweder ihren »Kopf in den Sand« und bestanden unverdrossen auf allen Sexualpraktiken oder sie nahmen nur noch Formen in Anspruch wo kein direkter körperlicher Kontakt gegeben war, wie z.B. Peep-Shows, Telefon-Sex, perverse Sexualpraktiken oder sie vermieden aus AIDS-Angst jeglichen Kontakt mit Prostituierten.[60]

60   Der Spiegel Nr. 42, 1985, S.18

Die 80ziger Jahre, das extreme Jahrzehnt, kann aufgrund der AIDS-Pandemie und im Zusammenhang mit Tschernobyl auch als das Jahrzehnt der Angst bezeichnet werden. Einerseits herrschte Endzeitstimmung, andererseits gab es aber auch ein Trend hin zu neuen, alten Formen der Sexualität und durch den Mauerfall bedingt, Freude und Hoffnung auf ein Leben in Freiheit und Wohlstand.

6. Die 90er Jahre – Aufbruch, Umbruch – Lustlosigkeit

6.1. Überblick

Die 90er Jahre waren anfangs von Euphorie durch den Mauerfall, der wie ein neuer Aufbruch erlebt wurde und vom Umbruch durch den Zerfall der Sowjetunion in viele Staaten geprägt. Schon am 01.07.1990 wird mit der Währungsunion das Ende der Ostmark besiegelt. Jeder DDR-Bürger konnte bis zu 4000 Ostmark 1:1 gegen DM umtauschen. Nach dem Zusammenbruch des Ostens kamen 200 000 Asylsuchende aus der Sowjetunion nach Deutschland. Hinzu kamen Tausende Flüchtlinge aus dem Jugoslawien Krieg, wo es während und nach dem Krieg tausende Massenvergewaltigungen gegeben hat. Durch die »Abwicklung« vieler Betriebe in Ostdeutschland kam es dann zu einer drastischen Zunahme der Arbeitslosigkeit und zu einem Ansturm von Arbeitssuchenden von Ost nach West.

Seit 1993 gibt es das (www) world wide web. Es war eine bahnbrechende Erfindung. Schon 1995 besitzt jeder 5. Haushalt einen Computer. Google gibt es seit 1998, Facebook wurde 2004 von Zuckerberg kreiert und Twitter gibt es seit 2006. Durch die neuen Medien wie z.B. Facebook, Twitter oder Instagram können Menschen heute überall auf der Welt zusammen kommunizieren. 2004 gab es 2,9 Milliarden Nutzer von Facebook und 2023 waren es weltweit bereits über 3 Milliarden Nutzer, in Deutschland waren es 32 Millionen. Seit 2007 gibt es das Internet auch für unterwegs. Es fräste sich seinen Weg in den Alltag. Die 2005 in Kalifornien gegründete Video-Plattform Youtube erreichte im Januar 2024 weltweit 2,49 Milliarden Nutzerinnen und Nutzer. Whatsapp, wird im Juni 2024 von 2,96 Milliarden weltweit genutzt. Es ist ein sehr verbreiteter Messenger.[61] Heute besitzt fast jeder ein Handy oder Tablet. Es sind Kleincomputer, mit denen man auch das Internet nutzen kann und z.B. Filme, die neuesten Nachrichten anschauen und/oder mit Menschen auf der ganzen Welt, mit Hilfe der sozialen Netzwerke, kommunizieren kann. Das erste Mobiltelefon gab es 1983, es kostete damals ca. 8000 DM. 1992 gab es dann das erste »Handfunktelefon«, wie es damals hieß. Ein ziemlich globiges Gerät. Doch 2005 gab es bereits günstige »Handys« für die Masse. 2007 kam das als Smartphone bezeichnete Mobiltelefon (das erste iPhone von Apple) auf den Markt und 2008 das Smartphone mit dem von Google bereitgestellten Betriebssystem Android. Bei den Smartphones gilt das Motto »schneller, höher, weiter«. Smartphones sind inzwischen kleine Taschen-Computer mit vielen Funktionen. Es war eine neue Welt, an die sich die Menschen erst gewöhnen mussten.

6.2. Null-Bock-Generation und Love Parade

Obwohl es in diesem Jahrzehnt viele, alles beherrschende Neuerungen gab, herrschte Ende der 90er, mitbedingt auch durch die Wirtschaftskrise und die hohe Arbeitslosenquote von 4,4, Millionen, allgemein eine eher pessimistische Stimmung. Man sprach von der Null-Bock-Generation, die einerseits von Gleichgültigkeit und Enthaltsamkeit geprägt war, andererseits hieß es: »wir leben jetzt«. 1994 zählte man 140.000 Teilnehmer bei der Love-Parade in Berlin. Menschen, die auf der Straße tanzten

---

61 Internet (interconnected networks, zusammengeschaltete netzwerke, kurz: Netz. de.wikipedia.org/wiki/Internet, Juni 2024

und sich präsentierten. Es war ein Spektakel mit großer Brisanz, weil sich anders Denkende und Lebende, wie z.B. Homosexuelle, Lesben und Transsexuelle öffentlich zeigten und feierten. Rapperinnen, (Musikerin, mit rhythmischem Sprechgesang) benutzen in ihren Gesangstexten eine vulgäre Sprache und machten Sexualität und Missbrauch zu ihren Themen, was es bis dahin nicht gab. In den 90er wollen viele Frauen Model werden. Gefragt waren jetzt auch Frauen, die nicht mehr der bis dato geltenden Norm entsprachen, wie Z.B. Frauen mit Sommersprossen, roten Haaren oder sonstigen Abweichungen von der Norm.

6.3. Selbstoptimierung – der Körper wird zum Kultobjekt

»In dem Maß, wie es Frauen gelang, sich vom Kinder-Küche-Kirche-Weiblichkeitswahn frei zu machen, übernahm der Schönheitsmythos dessen Funktion als Instrument sozialer Kontrolle« Der Körper wird zum Kultobjekt.[62]

Abbildung 31: Der perfekte Körper: Quelle unbekannt

---

62 Wolf, Naomi: »Der Mythos Schönheit« zit. nach Stockowski, in: Der Spiegel 30/2017, S.47

Die Intimrasur und damit eine Infantilisierung der Geschlechtsorgane und die Entfernung jeglicher Körperbehaarung, gehört bei jungen Frauen schon seit Anfang der 90er Jahre zum Pflichtprogramm. »Dass bis vor wenigen Jahren Genitalrasuren im nördlichen Westen noch völlig unbekannt waren, fällt im Kontext des gesellschaftlich weit akzeptierten Pornolog anscheinend kaum mehr auf«. Im alten Griechenland, und den heutigen arabisch-muslimischen Ländern waren und sind Intimrasuren üblich, doch die meisten Frauen hätten bis vor kurzem nur mitleidig geschaut. Amerika ist wieder mal Trendsetter. »In der amerikanischen Look-at-me-Culture ist den Frauen offenbar jedes Mittel recht, ihre Sexualität und damit sich selber anzubieten.«[63] »Während der natürliche Wuchs nach der sexuellen Revolution 1968 noch als Symbol der Befreiung von Prüderie und Patriarchat galt, halten heute manche Menschen haarlose Vulven für ein Zeichen befreiter Sexualität und gestärkten Selbstvertrauens der Frau«.

Die Intimrasur gehört bei den jungen Frauen, aber auch bei jungen Männern zur Körperpflege dazu. Inzwischen gibt es bereits wieder ein Gegentrend, eine Abwendung von der Glattheit, die seit den Neunzigern zum Trend wurde.[64]

6.4. Pornokonsum und neue Zwänge

Letzteres steht auch in engem Zusammenhang mit der Zunahme des allgemeinen Pornokonsum. Porno wurde durch die Lockerung der Moral in den 70er Jahren und der zunehmenden Kommerzialisierung des

---

63 Stämpfli, Regula: Die Scham ist vorbei, https://www.emma.de/artikel/politisch-korrekt-die-scham-ist- vorbei-263718
64 Büttner, Melanie, A. Schadwinkel, S. Stockrahm, S., Ist das normal? Sprechen wir über Sex, wie du ihn willst, Beltz Verlag, 2020:, S.180-182

Sexuellen mehr und mehr konsumiert. Neben einschlägigen Filmen und Hochglanzmagazinen, wie z.B. dem Playboy, nahmen mit Zunahme der Internetanschlüsse, die Printmedien ab und der elektronische Konsum per VHS und DVD und im Zuge mit der Einführung des Privatfernsehen jene als Softporn deklarierte Erotikfilme zu. Heute ist der Konsum von Online-Pornographie leicht zugänglich und sehr verbreitet.[65] Hierdurch kam es mit der Zeit im Bereich der Sexualität zu neuen Zwängen. Viele Männer wollen die im Porno konsumierten Stellungen mit der eigenen Partnerin zuhause ausprobieren und erwarteten von ihren Partnerinnen, dass diese, wie die Pornostars aussehen und funktionieren. In diesem Zusammenhang kam es zu einer Zunahme der Intimchirurgie, einem Trend zur chirurgischen Designer-Vagina, zu Vulvalippenstraffungen und Klitorisverkleinerungen, wie z.B. Schamlippen-Korrekturen und anderen Körpermodifikationen, wie unterspritzen oder straffen der Vagina, vor allem von Frauen deren Vagina nach der Geburt geweitet ist, um für ihren Partner wieder enger zu werden.[66/67]

Das Hymen, das Jungfernhäutchen und der mit ihm verbundene Mythos, dass es beim ersten Geschlechtsverkehr einreißt und bluten muss, kann für Frauen auch zur Belastung werden. Wenn sie Angst haben, sich beim Sex zu blamieren, wenn es blutet, weil dann der Partner weiß, sie war noch Jungfrau. Umgekehrt wird in muslimischen Kulturen das Bluten als Beleg für die Entjungferung in der Hochzeitsnacht gesehen,

65 Korte Alexander Pornografie und psychosexuelle Entwicklung im gesellschaftlichen Kontext, 2018, S.54
66 DocCheck: Intimchirurgie: Der neue Vulvawahn, 27.09.17
67 Mit Foto-Kampagnen ließen Frauen ihre Vulven fotografieren und stellten die Fotos zur öffentlichen Betrachtung ins Netz

was medizinisch gesehen, nur eine veraltete Tradition ist und nichts mit den realen Gegebenheiten zu tun hat.[68]

Zu den Formen der Selbstoptimierung gehört auch das Intimpiercing[69] und Tätowierungen. Tätowierungen hatten ursprünglich das Stigma des Matrosen oder Sträflings. Sie sind heute in breiten Gesellschaftsschichten vorzufinden und erfreuen sich im Zusammenhang mit der Selbstoptimierung seit den 1990er Jahren immer größerer Beliebtheit. 2018 war fast jeder fünfte Erwachsene, vorwiegend an Armen, Beinen oder am Rücken tätowiert. Tattoos, Piercing und Branding. »Es ist ein einziges Stechen, Schneiden und Penetrieren.« Es geht darum die Kontrolle über den eigenen Körper zu demonstrieren. Labels und Codes werden in die Haut geritzt und gestochen, um sich als eigenes Markenzeichen präsentieren zu können.

Abbildung 32: Foto von Letícia Lua: https://www.pexels.com/de-de/foto/person-die-grunblattrige-pflanze-zwischen-den-fussen-halt-3140020/

---

68 Büttner, Melanie et.al., 2020, S. 164-172
69 Intimpiercing: https://Wikipedia.org/wiki/Intimpiercing, 14.06.2024

Der Körper wird zum Ort des Geschehens. Er ist zum Schlachtfeld geworden, über ihn findet heute ein sozialer Ausgrenzungskampf statt, ob bei der Arbeitssuche oder bei der Partnerwahl.[70] Im Oktober 1998 kommt Viagra auf den Markt. Mit der blauen Wunderpille werden angeblich Altersbegrenzungen außer Kraft gesetzt. Letztendlich wird Viagra (und ähnlich wirkende Präparate wie z.B. Levitra und Cialis) zu einer Lifesty-

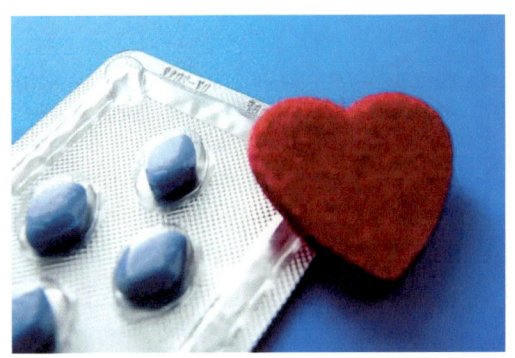

ledroge, die vor allem von jungen Männern benutzt wird, die mit einer vermeintlichen Superpotenz ihre Selbstwertprobleme in den Griff bekommen wollen.

Abbildung 33: Viagra: Foto von imagepointfr

6.5. Zunahme der Lustlosigkeit

Wie mehrere Studien zeigen hat sich das Erscheinungsbild sexueller Probleme in den letzten zwei Jahrzehnten erheblich verändert. In den USA und Europa beobachtete man von 1970 bis 1990 eine Zunahme an Lustlosigkeit, Erektionsstörungen und Orgasmusschwierigkeiten. In der Sexualberatungsstelle der Universität, Hamburg wurde eine Zunahme der Lustlosigkeit insbesondere bei Frauen, aber auch bei Männern festgestellt.[71]

---

70 Eder, S. 171
71 Kring, Brunhild: Sexuelle Appetenzstörungen – diagnostische Abklärung und Behandlung, in: Buchheim, P, M. Cierpka, Th. Seifert (Hrsg.) Lindauer Texte, Sexualität – zwischen Phantasie und Realität, Buchheim, P, M. Cierpka, Th. Seifert (Hrsg.) Berlin, Heidelberg, 1997, S.151

Frauen	1975-77	1992-94	Männer	1975-77	1992-94
		(n=384)	(n=251)	(n=431)	(n=349)
Lustlosigkeit	8 %	58 %	Lustlosigkeit	4 %	16 %
Erregungs- und	80 %	29 %	Erektionsstörungen	67 %	63 %
Orgasmusstörungen			vorzeitige	23 %	19 %
Vaginismus	12 %	13 %	ausbleibende	6 %	3 %
			Ejakulation		

Abbildung 34: Hauch, Margret: Paartherapie bei sexuellen Funktionsstörungen und sog. sexueller Lustlosigkeit: Das Hamburger Modell, Tabelle 1. Veränderungen des Erscheinungsbildes sexueller Probleme in den letzten zwei Jahrzehnten, 1997, S.162

In den 90er Jahren stellten die SexualforscherInnen ein Ansteigen von vorehelichen sequenziellen Monogamien fest. Die Anzahl der Koituspartner verringerte sich. Die Benutzung von Verhütungsmitteln wie z.B. von Kondomen und der Pille gehörten zur Selbstverständlichkeit. Es fand eine Demystifizierung des Sexuellen statt, d.h. Sex wird inzwischen nur als ein Erlebnis unter vielen gesehen. Aufgrund der Glücksversprechungen der Medien und der Werbung wurde es Pflicht einen technisch und emotional gelingenden Sex zu praktizieren. Leistung und Erfolg wurden zu zentralen Kriterien auch dank Viagra und Co. Durch technische Entwicklungen kamen nun z.B. per Video Pornos immer häufiger direkt ins Wohnzimmer. Man sprach nicht mehr von Masturbation sondern von Selfsex.

Singles nehmen von 1970 bis 1998 von 4% auf 11,8% zu. Aufgrund der nach wie vor bestehenden Aids-Angst, sind viele Menschen eher übervorsichtig. Sie vermeiden Sexualität aus Angst vor einer Ansteckung aber auch aus Angst vor Enttäuschung und warten auf die einzig wahre große Liebe. Man geht wieder zusammen. Die Zunahme von Treue und Romantik wurde oft als eine Folge von AIDS interpretiert. Eder meint, dies sei zu kurz gegriffen, es gehe eher um eine »Abkehr vom konsumorientierten Sexgebot und der erzwungenen Liberalisierung.« »Nach der sexuellen Liberalisierung der 60er und 70er Jahre sowie der Geschlechterrevolution der 80er Jahre erfolgte seit den 90er Jahren ein Umbruch in den Beziehungskulturen«[72]

6.6. Verhandlungsmoral contra Dampfkesselprinzip

»Der »Trieb« war die leitende Metapher für das Verständnis der Sexualität im 19. bis weit ins 20. Jahrhundert«. Nach dieser Theorie funktionierte Sexualität nach dem Dampfkesselprinzip des sexuellen Verlangens. Die aufgestaute sexuelle Spannung, hervorgegangen aus einer Verzichtsmoral, gewann somit an Macht, die durchaus »asozial und destruktiv« sein konnte. Sie bedurfte somit einer Spannungsentladung. Nach psychoanalytischer Sicht war eine Spannungsentladung auch ohne direkte Sexualität möglich und zwar sublimiert durch künstlerische Äußerungen und in nichtsexuellen Formen der Liebe und Fürsorge und in hysterischen oder neurotischen Symptomen.

»Das Triebmodell interpretiert sexuelles Verlangen als Akkumulation sexueller Spannungen, während im Ressourcenmodell Sex als eine Möglichkeit gesehen wird, mit der man Unterschiedliches anfangen kann«. Sex wird nach diesem Modell als eine Ressource »für Lust, Erlebnis- und Intimitätssuche« verstanden. Während das Triebmodell für eine institutionell organisierte »Moral von oben« gesehen wird, stehe das Ressourcenmodell in einer sexuell liberalisierten Gesellschaft für eine sich selbstregulierende »Moral von unten«. Das von Schmidt so benannte »Ressourcenmodell« dient somit in erster Linie nicht der »Spannungsentladung«, sondern für das »Spiel mit Erregung, Reizen und Lust. Es geht somit um einen Paradigmenwechsel im Bereich der Sexualität.[73]

---

72 ebd. Eder, 171ff
73 Schmidt, S. 33f

	Triebmodell	Ressourcenmodell
1) Definition	Periodische Akkumulation sexueller Spannungen (»Dampfkessel«)	Verlangen, Erregung und Lust als Ressource
2) Gesellschaftlicher Hintergrund	Repression	Liberalität
3) Soziale Kontrolle	Moral »von Oben« (von Institutionen verfügte strenge Ordnung)	Moral »von Unten« (Selbstregulierung der sexuell Handelnden)
4) Leitende Frage	»Was ist sexuell am Nichtsexuellen?«	»Was ist nichtsexuell am Sexuellen?«
5) Leitendes Verständnis	Energiequanten, Libido	Bedeutungen sexueller Handlungen, Sex als »fuzzy matrix«
6) Sexuelles Erleben	Spannungsentladung	Spiel mit Erregung und Reizen, Genuss der Lust, »Sexiness« der Erregung
7) Orgasmus	Kulmination der Entladung, Quintessenz sexueller Befriedigung	Teilaspekt sexueller Befriedigung, Interpunktion sexueller Akte
8) Sexualisierende Momente	Verbot, Tabu	Pluralität der Bedeutungs- zuschreibungen
9) Perversion	Regressiv- verschobene Triebenergien	Symbolische Konfliktlösung
10) Sexuelle Klagen	Zuviel an sexuellen Spannungen, »Triebdurchbruch«	Minderung von Lust/erotischem Verlangen, »Sexsucht«
11) »Sexuelle Freiheit«	Abbau einschränkender Konventionen (pragmatisch), »Befreiung durch Sexualität« als Mystifizierung (pathetisch)	Entdramatisierung und Vervielfältigung symbolischer Zuschreibungen der Sexualität

Abbildung 35: Schmidt, Gunter: Das neue DERDIEDAS, Psychosozial-Verlag 2014, S.36

Der Umbruch in den Beziehungskulturen bewirkte, dass die bis dahin gültige Sexualmoral mit Spannungsabfuhr nach dem Dampfkesselprinzip durch eine Verhandlungs- bzw. Konsensmoral ersetzt wurde, was auch als Reaktion auf eine permanente »Übersexualisierung bzw. Normalisierung des Perversen« gesehen wurde, weil diese auch dazu führte, dass erotische und sexuelle Stimulationen an Bedeutung und Wirksamkeit verlieren.[74]

6.7   Formen der Prostitution in den 90er Jahren

Seit dem Wegfall der Mauer und der Öffnung der Ostgrenzen sind viele Frauen aus Osteuropa nach Deutschland gekommen. Viele wurden durch »organisierte Schieberringe eingeschleust und ausgebeutet«, ihnen wurden falsche Versprechungen gemacht, indem ihnen z.B. eine Tätigkeit als Babysitterin, Zimmermädchen, Masseurin oder Künstlerin in Aussicht gestellt wurde.[75] In Deutschland angekommen, wurde den Frauen die Pässe abgenommen und suggeriert, dass sie große Schulden hätten und diese nur durch Prostitution begleichen könnten. Sie wurden dann mehr oder weniger mit (brachialer) körperlicher und psychischer Gewalt gezwungen der Prostitution nachzugehen. Erst waren es Polinnen und Tschechinnen, dann kamen sie aus der Ukraine, aus Rumänien, Kaukasien usw.. Es handelte sich um eine neue Form der Armutsprostitution.

»Der Unterschied zu den inzwischen fest zum Prostitutionsgeschehen zählenden Dritte-Welt-Frauen ist, dass die Geschäfte nicht mehr

---

74   Eder, 170f
75   Käsch, Sandra: Veränderung der Prostitutionsformen: von 1949 bis heute, in: Prostitution Ein Handbuch, (Hrsg.) HWG e.V., Red.: Christine Drössler, Jasmin Kratz, Marburg, Schüren Verlag, 1994, S.62-63

nur von den deutschen bzw. europäischen Männern gemacht werden, sondern, dass eine nicht zu übersehende Anzahl von Ostblock-Luden im Westen Fuß faßt«.[76]

Verursacht durch die wirtschaftliche Rezession und Billigkonkurrenz aus dem Osten, kam es zu Umsatzeinbrüchen auch in der gehobenen Prostitution. Diese konnten nur durch Veränderung der Arbeitszeiten, indem die Frauen länger arbeiteten und/oder indem sie mehr Leistungen anboten, wett gemacht werden. Es kam somit wieder zu einer Anpassung des Preis-Leistungs-Verhältnis. Dies bedeutete für viele Frauen bis an die Grenzen ihrer Möglichkeiten zu gehen, um überleben zu können.

76 Käsch, S. 63

Die 90er waren das Jahrzehnt, das Grenzen sprengte, der Möglichkeiten und Widersprüche. Einerseits gab es den technischen Fortschritt,
den Aufbruch ins globale Zeitalter, mit der digitalen Revolution und
wirtschaftlichen Umbrüchen, andererseits kam es zu globalen Umwälzungen und zu einer Neuordnung der Welt wie nie zuvor. Illusionen
zerplatzten alsbald und Ernüchterung und Enttäuschung waren die
Folge. Auf dem Gebiet der Sexualität kam es zu einem Umbruch der
Beziehungskulturen. Der Verzichtsmoral und dem Dampfkesselprinzip folgte zunächst durch die Liberalisierung eine Übersexualisierung
und Normalisierung von Perversionen. Es kam dann aber allmählich
zu einem Paradigmenwechsel und zur zunehmenden Lustlosigkeit und
Zunahme der Konsensmoral.

7. Die 2000er Jahre – Trends im neuen Jahrtausend

Die 2000er Jahre sind voller Überraschungen. Pessimismus ist out. Die Globalisierung, der Internet-Boom und das »Aktienfieber« hinterlassen Spuren. Es herrscht Goldgräberstimmung. Diese hält aber nicht lange an, denn schon 3/2000 platzt die Aktien Spekulationsblase. Der Terroranschlag am 11.September 2001 auf das World Trade Center in New York und zivile und militärische Gebäude in den USA mit vielen Toten hinterlässt tiefe Spuren. Man sprach von einer gravierenden Zäsur für das neue Jahrhundert. In vielen europäischen Ländern wurde mit der Währungsreform 2001 der Euro eingeführt, der die bis dahin gültige D-Mark ablöst. 2001 tritt das Bundesgleichstellungsgesetz (BGleiG) in Kraft, wodurch Dienststellen und Unternehmen des Bundes verpflichtet wurden Gleichstellungsbeauftragte zu bestellen und Gleichstellungspläne zu erstellen.

Und 2005 wird Angela Merkel zur ersten Bundeskanzlerin gewählt. Sie war schon 1991 die erste Frauenministerin aus dem Osten. 1993 schrieb sie in einem Beitrag für EMMA: «Wir Frauen müssen weiter gehen auf dem Marsch durch die Institutionen und teilhaben an der öffentlichen Macht!«[77] Sie war nicht nur die erste Kanzlerin Deutschlands, sondern galt während ihrer Amtszeit zeitweise als mächtigste Frau der Welt. Obwohl man ihr kurz nach der Wahl alle möglichen Hindernisse in den Weg legte, ging sie unbeirrt ihren Weg und regierte

---

77 Flitner, Bettina: Frauen mit Visionen 48 Europäerinnen, mit Texten von Alice Schwarzer, München, Sonderausgabe, Knesebeck Verlag München, 2006, S.144

unser Land bis 2021. Bei ihrer Verabschiedung wurde der Schlager mit Nina Hagen »Du hast den Farbfilm vergessen« gespielt. Dieses Lied kann man als Hinweis (und Anklage) darauf verstehen, dass sie während ihrer Amtszeit viele Blessuren davongetragen hat, die sie sich, ähnlich wie es bei Frauen, die »Häusliche Gewalt« erlebt haben, auch oft vorkommt, nicht anmerken ließ; worunter sie aber vermutlich gelitten hat.

Abbildung 36: Das Bild wurde einen Tag, bevor Merkel mit dem Karlspreis ausgezeichnet wurde, in Aachen am 30.04.2008 aufgenommen.
Quelle: https://creativecommons.org/licenses/by-sa/2.5/

Eine weitere Frau, die ein hohes Amt in Deutschland seit 2021 bekleidet ist Außenministerin Annalena Baerbock. Kann sie das? Diese Frage hat auch die Bundeskanzlerin lange begleitet. Sie ist nicht nur jung im Gegensatz zu ihren BerufskollegInnen und modisch gekleidet, sondern ihr Auftreten ist offen und zugewandt. Frau Baerbock hat sogar eine Botschafterin für feministische Außenpolitik benannt. Damit soll im Auswärtigen Amt die Genderkompetenz gestärkt werden, sie soll für das »Mainstreaming feministischer Außenpolitik Sorge tragen« hieß es.[78]

7.1. Neosexualitäten und die neue sexuelle Revolution

Im 21. Jh. rücken Sexualität und Fortpflanzung immer mehr auseinander. Die sexuelle Revolution hat nicht die große Befreiung, aber etliche Freiheiten gebracht. 2003 entdecken Männer sich selbst. In etlichen Filmen und Büchern wird die neue, alte Männlichkeit gepriesen Die Jahrzehnte der Zärtlichkeitsschulung, der sexuellen Rücksichtnahme, Anleitung und Sensibilitätserweckung durch Frauen sei aber nicht verloren, heißt es im Spiegel.[79] Es generiert sich eine Spaß- und Freizeit-Gesellschaft. Man geht in After Work- und Swinger-Clubs, die es schon seit den 80er Jahren gibt und schaut im Fernsehen Big Brother.[80] Eine Form der Sozialpornographie. 2006 kommt Natascha Kampusch nach 3096 Tagen in Gefangenschaft eines Mannes, der sie über Jahre missbrauchte und vergewaltigte, frei. Dieses Ereignis war wochenlang in den Medien präsent, denn das Schicksal und das Martyrium der als Kind gekidnappten und inzwischen erwachsenen Frau bewegte viele Menschen und intensivierte die Debatte über den kindlichen Missbrauch in unserer Gesellschaft. Die Love-Parade, eine von 1989 bis 2006 in Berlin und danach an wechselnden Orten stattfindende Technoparade, bei der bis zu 1,5 Millionen, meist mit aufreizendem und leicht bekleidetem Outfit teilnahmen, war ein Massenspektakel. Menschen tanzten auf der Straße. Seit dem verheerenden Unglück 2010 in Duisburg mit 21 Toten, gibt es sie nicht mehr. Die Kunstfigur Conchita

---

78   Zeit online, 20.02.23
79   Der Spiegel 40/23
80   Freiwillige lassenlassen sich Tag und Nacht zur Massenbespaßung filmen.

Wurst, ein Mann mit Vollbart, perfekt als elegante Frau im Abendkleid stilisiert, gewinnt im Mai 2014 den Eurovision Song Contest. Die Entscheidung wurde von ca. 180 Millionen Zuschauern verfolgt.[81]

Abbildung 37: https://i.pinimg.com/ originals/c1/69/98/c169980 16c59cca476055359ba65535b.jpg

Der Christopher Street Day (CSD), ein Fest-, Gedenk- und Demonstrationstag von Lesben, Schwulen, Bisexuellen und Transgender-Personen, die an diesem Tag, meist Ende Juni, für ihre Rechte und gegen Diskriminierung und Ausgrenzung demonstrieren, gibt es in Deutschland schon seit 1979 und findet große Beachtung. Der Tag wird mit Umzügen veranstaltet, die in den 2000er Jahren eine ähnliche Attraktion darstellen wie Karnevalsumzüge oder die Technoparaden. Die größten Umzüge fanden in Köln und Berlin statt.

Das Thema Transgender, Selbstbestimmung und Geschlecht bestimmt schon seit einiger Zeit die Geschlechterdebatten. Das von der derzeitigen Ampel-Koalition geplante Selbstbestimmungsgesetz, dem zugrunde liegt, dass jeder Mensch eine »Genderidentität« in sich trägt,

---

81   Der Spiegel 20/2016, S. 126f.

die nur er/sie selbst »fühlt« ohne körperlich-materiellen Beweise, hat zur Folge, dass sich Frauen in ihrer Einzigartigkeit als Frau bedroht fühlen. Denn, wann ist ein Mann ein Mann und eine Frau eine Frau. Das geplante Selbstbestimmungsgesetz erlaubt jedem Mann, durch reine Selbstauskunft beim Standesamt als Frau eingetragen zu werden. Dasselbe gilt auch umgekehrt für Frauen. Der Geschlechtseintrag kann jährlich geändert werden. Es erlaubt, Kindern ab 14 Jahren ihren Geschlechtseintrag selbständig und ohne Zustimmung der Eltern zu ändern. Außerdem wird ein Offenbarungsverbot über die ursprüngliche Identität einer Person festgelegt. Das Offenbarungsverbot sieht ein Bußgeld von mehreren tausend Euro vor, wenn eine Person mit ihrem früheren Namen oder gemäß seines/ihres Geburtsgeschlechts angesprochen wird. Das neue Gesetz soll das aus dem Jahr 1981 stammende Transsexuellengesetz ersetzen, welches bei der psychiatrischen Begutachtung, aus Sicht der Betroffenen, diskriminierende Fragen beinhaltete. Frauen- und insbesondere Lesbenverbände wehren sich schon seit längerem gegen dieses Gesetz, weil mit diesem Gesetz erkämpfte Frauenrechte ad absurdum geführt werden. Die Geschlechtsdysphorie bei jungen Mädchen wird mit Pubertätsblockern behandelt, deren Folgen irreversibel sind. KritikerInnen sprechen von einem »konservativem Rollback«, denn unangepasstes Verhalten kann nicht einfach wegoperiert werden, indem man das Geschlecht wechselt.[82/83/84/85] Die »Harry Potter«- Autorin J.K. Rowling wurde, weil sie sich kritisch zu dem Thema geäußert hat, als TERF (»Trans Exclusionary Radical

82 Der Spiegel 35/2023, S 103 ff
83 Engelken, Eva: Trans*innen? Nein danke! Warum wir Frauen einzigartig sind und bleiben, Selbstverlag, 2022
84 Schwarzer, Alice, Chantal Louis (Hrsg.): Trans Sexualität Was ist eine Frau? Was ist ein Mann? Eine Streitschrift, Köln, Kiepenheuer & Witsch, 2022
85 Schon, Manuela: Raus aus dem Genderkäfig! Der Kampf der Frauenbefreiung im 21. Jahrhundert, Ahrensburg, tredition, 2023

Feminist«) bezeichnet. Sie hat sich auf ihrem Blog über eigene Erfahrungen mit männlicher Gewalt in einer früheren Ehe geäußert und forderte Schutzräume für Frauen. Sie wies auch darauf hin, dass von »Menstruierenden« zu sprechen frauenfeindlich und entfremdend sei.[86] Auch die EMMA Herausgeberin, Alice Schwarzer musste sich schon als TERF beschimpfen lassen. Bei Deutschlands größter Frauenrechtsorganisation Terre des Femmes kam es im Zusammenhang mit dem Transgender-Thema bei der Jahreshauptversammlung 2023 zu einem Eklat, so dass Hunderte Frauen den Verein verlassen haben.[87]

Die Debatte um dieses Gesetz hält, trotz bereits erfolgter Verabschiedung, immer noch an. In anderen europäischen Ländern, sieht man das Gesetz inzwischen eher kritisch und leitet entsprechende Maßnahmen zur Schadensminimierung ein. In Spanien gibt es massiven Widerstand gegen das »Selbstbestimmungsgesetz«, England hat das Gesetz ganz abgelehnt und in Schweden ist der Einsatz von Pubertätsblockern inzwischen verboten.

Der Gesetzentwurf wurde im August 2023 vom Bundeskabinett verabschiedet, im November vom Bundestag beraten und am 12. April 2024 vom Deutschen Bundestag, trotz heftiger Proteste von Frauenverbänden, beschlossen.

Es tritt in zwei Stufen in Kraft: Ab dem 1. August 2024 kann eine Erklärung zur Änderung des Geschlechtseintrages und des Vornamens abgegeben werden und ab 01. 11.2024 löst dieses Gesetz dann das Transsexuellengesetz von 1981 ab.

Sadomasochismus und Fetischismus gehörte früher zu den Perversionen. Inzwischen werden sie als Bereicherung des sexuellen Spekt-

86   Rowling, J.K.: Frauen werden abgeschafft!, in: EMMA, 2/20
87   EMMA 4/2023, S. 28 f.

rums betrachtet. Im Februar 2015 fand die Weltpremiere des Films Fifty Shades oft Grey auf der Berlinale statt und schon im April 2015 lief der Sadomaso-Film, im Fernsehen zur besten Sendezeit. Sowohl das Buch, dessen Erstausgabe 2012 erschien, als auch der Film wurden zu Bestsellern.[88] In den Baumärkten kam es kurz nach der Ausstrahlung des Films zu einem Engpass an Ketten und Schlagutensilien.

Abbildung 38: El James Shades of Grey
Geheimes Verlangen, Goldmann Verlag 2012

Erotikmessen, Fachmessen, die der Information, Werbung und auch dem Verkauf von Produkten der Sexindustrie dienen, gibt es jährlich in Berlin und anderen Städten, seit 1997. Die Berliner Erotikmesse gilt als die weltweit größte internationale Fachmesse für »Adult Entertainment«. 98% der 18-30jährigen Männer und 80% der Frauen nutzen Pornographie.[89]

Pornografie gewinnt schon seit Anfang der 80iger Jahre mit der Zunahme des Internetgebrauchs mehr und mehr an Bedeutung. Man

---

88 James, E L: Shades of Grey Geheimes Verlangen, München, Goldmann Verlag München, 2012
89 Endrass, Jérome, Astrid Rossegger, Bernd Borschard: Pornographiekonsum und (sexuelle) Aggression Eine forensisch-psychologische Betrachtung, in: Merk, Agatha (Hg.): Cybersex, Bd.97 Beiträge zur Sexualforschung, Gießen, Psychosozial-Verlag, 2014, S. 183

spricht heute von einer Pornografisierung des Alltags. Zum einen weil wir z.B. in Fernsehfilmen und in der Werbung mit sexuellen Szenen und Reizen aller Art ohne Tabus ständig mit sexuell aufgeladenen Bildern konfrontiert werden, zum anderen, weil Menschen sich selbst z.B. durch Porno-Posting, Amateurpornografie und Sexting in Szene setzen. Bilder vom eigenen Geschlechtsverkehr oder Nacktbilder von sich selbst oder Freunden werden ins Netz gestellt.[90] Dies kann leicht mit Cybermobbing enden. Letzteres passiert oft, wenn Beziehungen zu Ende gehen z.B. aus einer Enttäuschungswut heraus oder wenn Mädchen/ Frauen sich von ihrem Chatpartner dazu überreden lassen von sich Nacktfotos zu machen, die dann im Netz landen, was für die Zukunft der Betroffenen von großem Schaden sein kann.[91]

Unter dem Begriff Cybergrooming versteht man allerdings was ganz anderes. Hinter dem Begriff verbirgt sich die Anbahnung sexueller Kontakte zu Minderjährigen über das Internet. Erwachsene Männer suchen Kontakt zu Jugendlichen über das Versenden von Fotos und Videos. Die Übergänge zu sexuellem Missbrauch in der realen Welt sind fließend. Cybergrooming ist seit Januar 2020 eine Straftat und wird strafrechtlich verfolgt.

Die Übergriffe arabisch stämmiger junger Männer Silvester 2015 in Köln und mehreren Städten in NRW zeigen noch eine andere Seite der Frauenverachtung. »Im Orient gilt die Frau nicht als Subjekt, sondern als Gegenstand der Ehre eines Mannes. Die Schändung einer Frau wird nicht nur als Sexhandlung und Verbrechen an der Frau selbst betrachtet, sondern eher als ein Akt der Demütigung des Mannes dem sie gehört.«[92]

90 Eder, S.170f
91 Alisch, S. 115-116
92 Tibi, Bassam: Syrien und Deutschland, in: Schwarzer, Alice, Der Schock Die Silvesternacht von Köln, Kiepenheuer & Witsch Köln, 2016, S.91

Es ging also bei den Übergriffen auch darum, sich an den europäischen Männern, durch Beschmutzung ihrer Ehre, zu rächen. Früher gab es eine klare Trennung zwischen der Heiligen, der idealen, asexuellen Ehefrau, die durch das Mutterideal gekennzeichnet war und der Hure, der sexuell aktiven, »zügellosen« Frau, der geächteten Gegenspielerin.

In diesem Zusammenhang ist auch der Begriff MILF zu sehen. Der Begriff geht zurück auf eine US – Teeniekomödie America Pie 1999.[93]

Früher wurden Frauen mit Schönheit und Sexappeal Komplimente gemacht. Verheiratete Frauen und erst recht Mütter waren für die Männerwelt sexuell tabu. Dies hat sich anscheinend seit der neuen, dritten Welle der Frauenbewegung (es ist umstritten, ob es die überhaupt gibt), die die Querfeministinnen für sich beanspruchen, geändert. »MILF« steht für »Mother I´d like to fuck«. Im Film »Die Reifeprüfung« 1967, verführt eine verheiratete Frau und Mutter einen jüngeren Mann. Diesem Thema hat sich auch alsbald die Pornoindustrie gewidmet. Sie schuf hierfür sogar ein eigenes Genre. Heute wird von den Frauen beides erwartet, Heilige/Mutter und Hure zugleich zu sein, eben, eine MILF. »Heilige + Hure = Komplettlösung?«[94] Die Pop- und Pornokultur hat sich den Begriff sehr zu eigen gemacht. 2016 rief Pornhub, eines der größten Pornoportale, am Muttertag den »Milf´s day´aus[95] Porno sei mittlerweise zu einer Leitkultur für das eigene Schlafzimmer geworden, ist das Ergebnis einer 2008 durchgeführten Sexstudie von Jacob Pastötter.[96]

93 Grach, Katja: MILF Mädchenrechnung Wie sich Frauen heute zwischen Fuckability-Zwang und Kinderstress aufreiben, Berlin, Schwarzkopf & Schwarzkopf Verlag, 2018, S. 9f.
94 Grach, S.15
95 Grach,, S. 25
96 Jakob_Pastötter, 2008 und https://de.wikipedia.org

Einerseits ist MILF ein Kompliment, ein Gütezeichen, andererseits spielt die Hautfarbe und der kulturelle und der sozioökonomische Hintergrund eine Rolle, denn nur weiße, gutsituierte Frauen können sich als MILF bezeichnen.[97]

»Aus der vermeintlichen Schlampe wurde so eine Frau, die sich wehrt, die sich nichts mehr sagen lässt, die sich selbst zum Objekt macht, bevor es andere tun.«[98] Die Bezeichnung Bitch, wird ebenso wie Hure als Schimpfwort benutzt, jedoch mehr für unangepasstes Verhalten.

In einem Buch mit dem Titel »Sexarbeit Feministische Perspektiven« heißt es: Heilige Huren braucht die Welt. Eine genderqueere Travestiekünsterin und tandrische Dominia, beschreibt darin ihren Weg zur heiligen Hure über die Yin und Yang Archetypen, die mit der »Energie in Form einer heiligen Sexualität« sich selbst und die Menschheit und die Welt retten will.[99]

Im Januar 2013 veröffentlichte die Illustrierte Stern einen Artikel der Journalistin Laura Himmelreich. Sie bezichtigte den FDP Kandidaten Rainer Brüderle sexuell übergriffigen Verhaltens, weil dieser eine Bemerkung über ihre Oberweite gemacht hatte. Es folgte ein Sexismus-Debatte in Deutschland, die weite Kreise zog. Das Hashtag #aufschrei von Anne Wizorek auf Twitter gepostet, fand großen Zuspruch. Er wurde im Juni 2013 mit dem »Grimme Online Award« in der Kategorie »Spezial« ausgezeichnet. »Der Hashtag habe die Wichtigkeit der sozialen Medien für die gesellschaftliche Debatte über virulente Themen gezeigt« hieß es.[100]

---

97 Grach, ebd., S.36
98 Grach, ebd., S. 99
99 Maya Maga, 2019, in: Künkel, Jenny & Schrader Katrin, Sexarbeit, Feministische Perspektiven, unrast transparent,geschlechterdschungel, Bd. 10, 2019, S.51f.
100 #Metoo, Wikipedia, 2021

Danach folgte dann die weltweit für Furore sorgende #MeToo Bewegung. #MeToo ist ein Hashtag, das seit Mitte Oktober 2017 im Zuge des Weinstein-Skandals Verbreitung in den sozialen Netzwerken erfuhr. Mehrere Frauen bezichtigten den Filmproduzenten Harvey Weinstein der sexuellen Belästigung, Nötigung und/oder Vergewaltigung. Das Hashtag #Me too bewirkte Diskussionen um sexuelle Belästigung und Missbrauch in der Musikindustrie (z.B. Placido Domingo) in den Wissenschaften und in der Politik (z.B. Dominik Strauß-Kahn). 2017 wurde das Hashtag innerhalb kurzer Zeit mehr als 200.000 mal auf Twitter und Facebook verwendet und über zwölf Millionen Postings dieses Hashtag gab es von 4,7 Millionen Menschen weltweit. Laut einer Studie von Leanne Atwater 2019 gaben 20 bis 25 % der befragten Männer an, als Folge von #MeToo Situationen im Berufsleben zu vermeiden, in denen sie mit Frauen allein sind. Etwa die Hälfte der Männer fürchteten sich vor falschen Anschuldigungen. Etwa ein Viertel gab an, deshalb lieber keine Frau einstellen zu wollen.

Im Novemberheft 2018 der Zeitschrift EMMA heißt es dann »MeToo und der Backlash«. Auf einen großen Fortschritt folgt der Rückschlag, der von der Öffentlichkeit weitgehend unbemerkt blieb. Schon 2014 wurde vom Leiter des Kriminologischen Forschungsinstitut Niedersachsens eine »besorgniserregende Entwicklung« festgestellt. »1985 hatte noch knapp jede vierte Anzeige zu einer Verurteilung geführt, 2012 nur noch jede zehnte. Kriminologe Pfeiffer meint, dass der Hauptgrund hinter dieser Entwicklung eine Einschüchterung der Frauen sei, denen vor Gericht oft nicht geglaubt werde. Es sei eine zunehmende Verunsicherung und Entmutigung bei den Opfern von sexueller Gewalt zu verzeichnen, so dass diese aus Angst vor einer Tortour vor Gericht und wegen zunehmender Aussichtslosigkeit einer Verurteilung des Täters, die Tat nicht mehr anzeigen. »Die Zahl der

Anzeigen wegen sexueller Nötigung bzw. Vergewaltigung sank in den darauffolgenden fünf Jahren von rund 8000 auf rund 7000 im Jahr«.[101]

Dieser Ausschnitt der Ereignisse zusammen mit vielen anderen kennzeichnen eine neue, einschneidende Form der Wahrnehmung und Veränderung im Bereich der Sexualität.

7.2. Neosexuelle Revolution

Als neosexuelle Revolution bezeichnet Sigusch einen »eher unspektakulär verlaufenden, aber tiefgreifenden kulturellen Wandel der Sexualverhältnisse und der Sexualmoral«, der schon in den 70er Jahren einsetzte und nach wie vor andauert.[102/103]

Dieser Prozess zeigt sich nach Sigusch in 5 Teilbereichen:

7.2.1.Entkoppelung von Sexualität und Fortpflanzung (Dissoziation)
Durch technologische Errungenschaften wird es möglich das Sexuelle von dem Reproduktiven zu trennen d.h. die (Er)Zeugung eines Menschen geschieht ohne Sexualität, ohne den Geschlechtsverkehr zwischen

---

101 Luis, Chantal, in: EMMA, Nr. 6, 11/12 2018, S. 6-7, Vgl. Kaiser, Susanne: Backlash die neue Gewalt gegen Frauen, Tropen Verlag, 2023 und Clemm, Christina: Gegen Frauen Hass, Hanser Verlag, Berlin, 2023

102 Sigusch, Volkmar: NeoSexualitäten Über den kulturellen Wandel von Liebe und Perversion, Frankfurt/New York, Campus Verlag, 2005

103 vgl.Sigusch, V., Kritische Sexualwissenschaft und die Große Erzählung vom Wandel, in: Sexualität und Spätmoderne, Schmidt G; Strauß, B., (Hg). Bd. 76 Beiträge zur Sexualforschung, 2002, Psychosozial Verlag, S.11-27) und https:// de.wikipedia.og/wiki/Neosexuelle_Revolution, 2023

Mann und Frau. Dadurch ist eine asexuelle, unbefleckte Empfängnis (wie sie in der Bibel schon beschrieben wurde, bei der Mutter Gottes, der Heiligen Maria) real möglich geworden.

7.2.1.1. Zeugung im Reagenzglas

Schon 1978 gab es das erste Retortenbaby. Als Retortenbaby bezeichnet man ein Kind, das durch künstliche Befruchtung, also in vitro, im Reagenzglas, gezeugt wurde. Von April 1982 bis April 2002 wurden in Deutschland rund 100.000 Kinder nach einer in-vitro Fertilisation geboren. 2007 schätzte man die Zahl der Geburten, die weltweit durch künstliche Befruchtung zustande kamen, auf über drei Millionen. Im Jahr 2000 ist künstliche Befruchtung kein Problem mehr. Frauen aus armen Ländern, aber auch Prostituierte verdingen sich als Leihmütter. Sigusch spricht von der modernen Hure. Gut situierte Paare lassen ihr Kind gegen Entgelt von einer ihnen fremden Frau in der Regel aus einem armen Land, austragen.

1971 wird in den USA die erste Samenbank eröffnet. In Europa wird die dänische Stadt Aarhus zu einem Zentrum des Spermahandels. »In einem Kellerlokal gründete Schou 1987 die Samenbank« und seit »1991 beliefert die Firma Reproduktionskliniken weltweit«. In Reproduktionsbanken kann man Informationen abfragen über die Augen- und Haarfarbe, Größe und Gewicht, Blutgruppe und ethnische Zugehörigkeit des Spenders. Die Beratungsstelle »Familienglück« bzw. das »Kind nach Katalog«, ist vorprogrammiert. Frauen und Männer deponieren ihre Eizellen/Spermien in Reproduktionsbanken. Vor allem Frauen lassen ihre Eizellen einfrieren, um in späteren Jahren, wenn es z.B. beruflich besser passt, ein Kind zu bekommen.[104] In Italien wird eine Frau mit 62 Jahren Mutter.

---

104 Der Spiegel 50/13

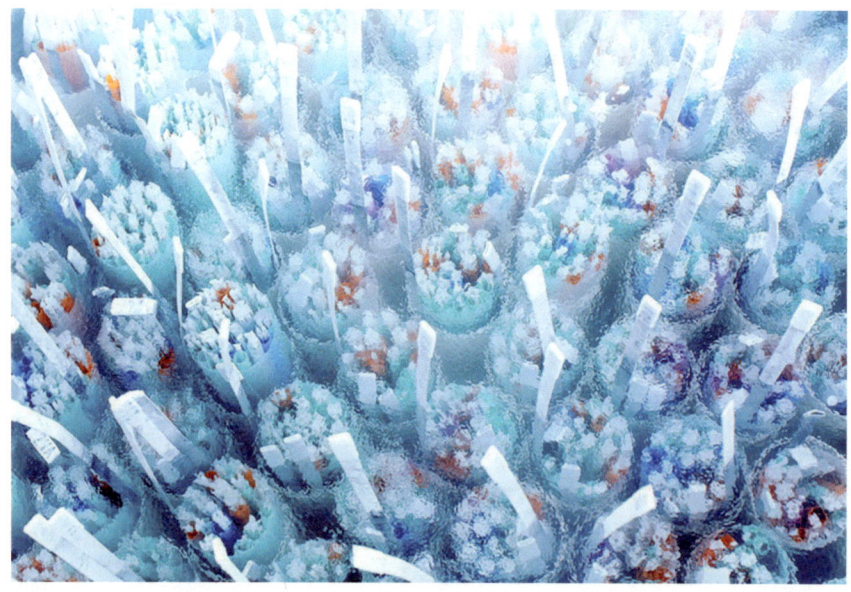

Abbildung 39: Spermahandel in Aarhus: https://lh3.googleusercontent.com/p/
AF1QipMVp50O_616IVbopfbmWzE6R1hL0k2V2NnJBZFU=s1360-w1360-h1020

7.2.1.2. Der geklonte Mensch

Versuche mit embryonalen Stammzellen bleiben ethisch umstritten. Am 25. November 2001 heißt es, der Klon-Forschung sei ein »wichtiger Meilenstein« gelungen. Forscher in Massachusetts sei es gelungen im Labor einen menschlichen Embryo zu erzeugen d.h. aus Körperzellen wurde ein völlig identisches Wesen produziert. Der Embryo überlebte nur 5 Tage, aber es wurde auf der ganzen Welt heftig über dieses Ereignis diskutiert.

Die einen sahen in der Möglichkeit des Klonens einen »Quantensprung«, während es für Andere eine »eine Horrorvorstellung« bedeutete. Die deutsche Bundesärztekammer wertete den vermeintlichen Durchbruch als Tabubruch und sprach von einem »Alptraum«. Die Erzeugung eines Menschen durch das Klonen bedeutet, ebenso wie bei der

Zeugung in vitro (im Reagenzglas), die Möglichkeit der künstlichen, nichtsexuellen oder asexuellen Fortpflanzung.

1996 wird das erste geklonte Schaf »Dolly« der Öffentlichkeit präsentiert.[105] Nach einem unglaublichen Wettlauf verkündeten Genetiker 2001, das menschliche Erbgut sei entschlüsselt. In der Folge schießen Gentechnik-Firmen aus dem Boden und machen Milliarden-Geschäfte. Private Labore preisen (Vaterschafts-)Gentests als psychohygienischen Befreiungsschlag.

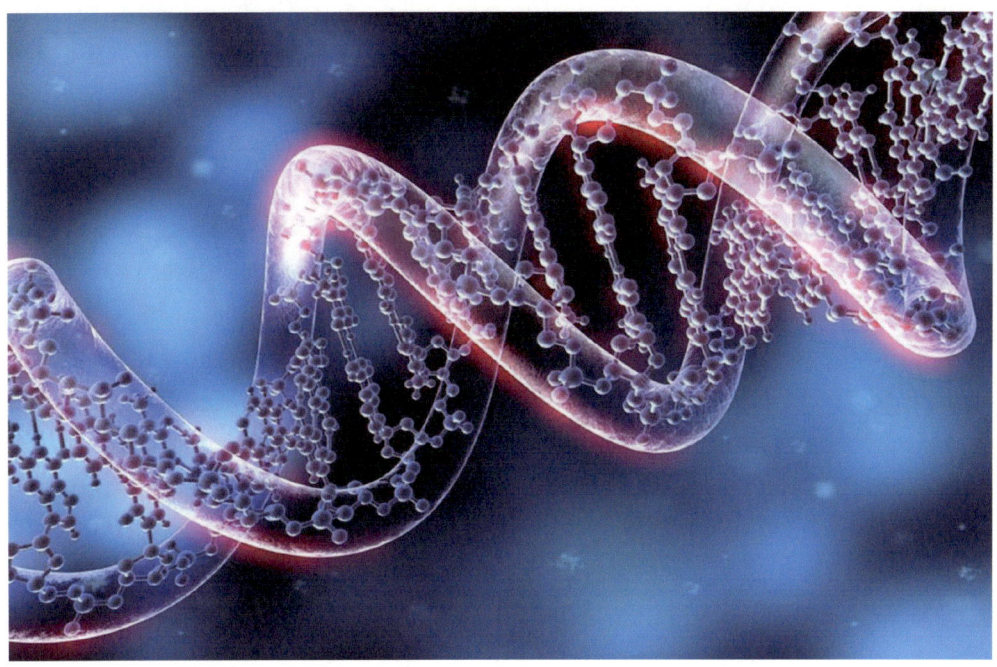

Abbildung 40: DNA: https://www.wissenschaft.de/
wp-content/uploads/2/2/22-03-31-dna.jpg

---

105 https://de.wikipedia.org/wiki/Dolly_(Schaf), 2023

7.2.2. Entkörperung des Sexuellen

Mit Entkörperung ist gemeint, dass der sexuelle Kontakt nicht mehr direkt zwischen zwei Menschen stattfindet, sondern mit Hilfe eines Mediums. Dies kann ein Prospekt, eine Zeitung, das Telefon, das Fernsehen und/oder das Internet sein. Hierzu gehört Sex in der Werbung und die gesamte Sexindustrie, wie Erotikmessen etc. einschließlich Pornokonsum und Sextourismus. Nennenswert sind Kontaktanzeigen, Sexfilme, Chat-Rooms und Internet-Partneragenturen. Letztere gibt es auch für marginalisierte Gruppen. Sie sind heute ein Massenphänomen und werden heute wie eine Selbstverständlichkeit genutzt um PartnerInnen kennen zu lernen, aber auch für Sex-Kontakte. In einer Fernsehsendung wurde vor kurzem von der Datingplattform Tinder, eine der größten, berichtet. Es ging um den Tatbestand des Ghosting. Ghosting bedeutet das wortlose Verschwinden eines Partners oder einer Partnerin, ein plötzlicher Kontaktabbruch ohne Erklärung. Datingplattformen sind wie ein »Laufsteg der Möglichkeiten«. Durch die wisch und weg Mentalität wird Liebe und Hoffnung zu einem Konsumgut. Ghosting verhindert das Entstehen einer Beziehung, aus Angst vor Nähe und Intimität. Je öfters dies jemand erlebt, desto größer ist die Gefahr, an einer Posttraumatischen Verbitterungsstörung zu erkranken. [106] Durch den in den 70er Jahren beginnenden Siegeszug der Printmedien und des Films und der zunehmenden Kommerzialisierung des Sexuellen u.a. durch Oswald Kolle und Beate Uhse, und der damit einhergehenden Lockerung der Sexualmoral wurde auch der Bereich der Pornografie alltagstauglich. Neben Hochglanzmagazinen wie dem Playboy und Penthouse hielten im Kino und im Fernsehen Softpornos wie »Sex-Klamotte«, Schulmädchen-Report und »Haufrauen-Report« Einzug. Die zeitliche Entwicklung und die Wirkung pornografischer

---

106 ZDF »37 Grad: Wisch und Weg«: Tinder – Abkürzung zum Verlieben? 06.04.21, 22:15

Darstellungen auf die psychosexuelle Entwicklung von Kindern und Jugendlichen im gesellschaftlichen Kontext wird von Alexander Korte und Tabea Freitag eindrücklich beschrieben.[107]

In den Pornodarstellungen gibt es seit 2006 einen eindeutigen Anstieg von sexueller Gewalt. 88,2% aller untersuchten Szenen stellten physische, also körperliche Aggression dar, wobei die häufigsten Gewaltakte Spanking (Schläge auf den Hintern: 35,7%), Gagging (Würgen:27,7%) und open-hand slapping (Schläge mit offener Hand: 14,9%) waren. Verbale Aggression, insbesondere Beschimpfungen, war in 48% aller untersuchten Szenen vorhanden. 94% aller Gewalthandlungen – sowohl physischer als auch verbaler Natur – waren gegen Frauen gerichtet.[108]

Die Zeit in der spätabends DVDs mit Erotikfilmen in Videotheken ausgeliehen wurden, ist lange vorbei. Mittlerweile gibt es alles im Internet. Gerade wächst eine Generation heran, die überwiegend erst anderen beim Sex zuschaut, bevor sie selber welchen hat. »Viele der Videos sind objektifizierend, gewaltverherrlichend, misogyn«. »Die Bilder passen nicht zu den gesellschaftlichen Emanzipationsdebatten«, denn die Bilder sind zerstörend.[109] Es gibt inzwischen auch »Fairtrade-Porno« und feministische Pornos. Es sind in der Regel Bezahl-Pornos. In fast allen Pornos werden Frauen zu Lustobjekten degradiert, weshalb diese abzulehnen sind.

---

107 Korte, Alexander: Pornografie und Jugendsexualität, in. Korte, 201 Korte Alexander: Pornografie und psychosexuelle Entwicklung im gesellschaftlichen Kontext Psychoanalytische, kultur- und sexualwissenschaftliche Überlegungen zum anhaltenden Erregungsdiskurs, Bd. 107 Beiträge zur Sexualforschung, Gießen, Psychosozial-Verlag, 2018, S.63 und Freitag, Tabea: Online-Pornografie- wenn virtuelle Leidenschaft Leiden schafft, Psychotherapie Aktuell 3.2021

108 Wosnitzer, Robert, Erica Scharrer, Anna Bridges: Studie von Gewalt und Sexualpraktiken in der Mainstream-Pornografie, Studie von 2006, Wikipedia. org, 08.06.24

109 Korte, S. 53f und 191f

7.2.3. Wandel von Beziehungen

Durch den Wandel der Beziehungen wird Sexualität immer mehr eine »soziale Konstruktion«. Die Dampfkessel-Theorie, dass der Druck, durch das Ventil der Triebentladung (Abreaktion) abgelassen werden muss, ist überholt. Schon in den 70er Jahren entwickelten Sexualforscher und Soziologen »Theorien zur Sexualität und des sexuellen Verlangens« in welchen Sexualität nicht mehr als »Akkumulation sexueller Spannungen« gesehen wird, sondern als eine »Möglichkeit, eine Ressource für Lust-, Erlebnis- und Intimitätssuche«. Man sprach fortan vom »Ressourcenmodell«[110]

Sexualität wird heute sorgfältig inzeniert – als Thrill für den übersättigten Menschen. Man will »großen Spaß« und »unvergleichliche Glücksgefühle« erleben. Aber, es herrscht Sprachlosigkeit, weil die Außenwelt zum Maßstab des sexuellen Perfektionswahns, zur »Tyrannei der Lust«[111] und somit zur Unzufriedenheit und zum Streit zwischen den Geschlechtern führt. An die Stelle der Moral, die für alle gilt, ist heute eine »Verhandlungsmoral« getreten, sagt Schmidt.[112]

Self-Sex und Self-Praktiken d.h. Onanie ist heute normal und wird mithilfe von Pornodarstellungen inzeniert. Sexuelle Selbstbefriedigung gilt heute nicht mehr als Tabu oder Perversion.[113]

---

110 Schmidt, 2014, S. 35ff
111 Guillebaud, Jeane-Claude, Die Tyrannei der Lust Sexualität und Gesellschaft München, Luchterhand, 1999
112 Schmidt, 2014, S.37
113 Von der Antike bis heute zieht sich diese Verleugnung des Körperempfindens wie ein roter Faden durch die Geschichte. 1875 wurde die weibliche Klitoris zum überflüssigen Organ erklärt. Sie wurde verdächtigt Hysterie, Epilepsie und »andere Formen des Wahnsinns« zu verursachen. Im 18.Jh. wurde die Masturbation bei jungen Männern als »auszehrende Erkrankung«, gebrandmarkt, die mit Rückenmarksschwindsucht etc. unweigerlich zum Tode führt. (Berberich H.,100 Jahre Sexualwissenschaft und Sexualpolitik, Hessisches Ärzteblatt 9/2006, S. 643-646 und Borkenhagen, Ada: Das weibliche Genitale als öffentlicher Ort, Weibliche Genitalchirurgie als Normalisierungspraktik. in: Wimmer-Puchinger, Beate, Karin Gutiérrez-Lobos, Anita Riecher-Rössler (Hrsg.) Irrrsinnig weiblich- Psychische Krisen im Frauenleben Hilfestellung für die Praxis, Berlin-Heidelberg, Springer, 2016, S.46f

Junge Frauen fühlen sich heute gleich stark mit Männern und doch nicht gleich. Eine Mischung aus Lust, Angst Schuld, Rebellion und Triumpf über Verbote erhöhen die Intensität eines Orgasmus, statt Wolllust erleben viele heute nur noch Wohllust. »Wichtiger als der sexuelle Akt ist eine feste Beziehung in der sich die Partner angenommen und aufgehoben fühlen«.[114]

Weil die alten Rollenvorstellungen von früher nicht mehr zu den neuen Lebensgewohnheiten passen, entsteht eine Identitätsunsicherheit, ein Dilemma, das bei vielen zum Rückzug führt. Die Sehnsucht nach der idealen Partnerschaft, der großen Liebe, führt mehr und mehr zum Frust und zu mangelnder Kompromissbereitschaft und überhöhten Ansprüchen, die aus der »alles ist möglich« Haltung erwachsen ist.

Die neue Tendenz in Richtung »Geschlechterdemokratie« beinhaltet, dass die Beziehung zwischen den Geschlechtern immer wieder neu erfunden werden muss. Sie erfordert ein austarieren der Partnerschaft, statt Unterordnung, das Aushandeln von Regeln, das offen sein für neue Impulse und Anregungen.

7.2.4. Vervielfältigung der Beziehungs- und Lebensformen (Diversifikation)

Es geht hierbei um eine. »Entwertung der Herkunftsfamilie zugunsten von freundschaftlichen und subkulturellen Bindungen und eine Idealisierung partieller Lifestyles«. Nackte Frauen auf Titelbildern sind normal. Frauen sind es leid mal zu Huren und mal zu Madonnen verklärt zu werden, sie setzen sich selbst in Szene z.B. beim örtlichen Sex-Sender oder schreiben ihre sexuelle Biographie. Es herrscht ein

---

114 Sigusch,Volkmar: NeoSexualitäten, 2005, S. 20ff.

Enthüllungs-Fetischismus. Die Zukunft gehört dem Designer-Sex d.h. Sexualität wird sorgfältig inzeniert. Frauen generieren sich mal als

Sexgöttin und Vamp und mal als Forscherin. Die öffentlichen Geständnisse töten das Begehren mehr als Verbote und Tabus dies vermochten. Wenn die Scham verschwindet, verschwindet auch die Erotik.[115] Perversionen sind im Internet und den Massenmedien bereits enttabuisiert. Das Resultat ist selbstoptimierter Selfsex.[116]

*Abbildung 41: Spiegel 2/2000, Seite 93
Untertitel: »Wer Cybersex für Liebe hält, ist reif für die Psychiatrie!«*

7.2.5. Zerstreuung (Dispersion)

Damit ist eine Zerstreuung der sexuellen Fragmente, Segmente und Lebensweisen vor allem durch Kommerzialisierung gemeint. Voyeurismus, Exhibitionismus und Sado-Maso, also Verhaltens- und Erlebnisweisen, die früher zu den Perversionen zählten bzw. als abweichen-

---

115 Sigusch, V.: Der Spiegel 48/00
116 Sigusch, Volkmar: Das Sex ABC, 2016, S. 183f.

des Sexualverhalten gewertet wurde, ist heute normal. Frauen tragen ihre Haut- und ihre Reize zu Markte. Wer nicht mit sich zufrieden ist, geht zum Schönheitschirurgen oder ins Wellness – oder Fitness-center. Cyber-Sex d.h. Internet-Sex in Chat-Rooms und Internet-Part-ner-Agenturen gibt es für jeden Geschmack. Die Vermarktung der Sexualität ist ubiquitär. Es geht um Unterhaltung und Zerstreuung einerseits und um Entwurzelung und Anonymisierung alles Sexuellen andererseits.[117]

Je unablässiger und kommerzialisiert werde, desto mehr verliert es nach Sigusch an Sprengkraft und Reiz. Als ganz einschneidend be-urteilt er die öffentliche Präsenz von Asexuellen d. h. Menschen die keinerlei sexuelle Aktivitäten oder Vorlieben haben oder wollen. Wir sind »scheinbar von unglaublich viel Sex umgeben, von Nacktheit und Brüsten und Pornos und Plakaten mit Sexspielzeug: Aber das ist kein Sex. Es ist ein diffuses Versprechen einer Möglichkeit, die mit tatsäch-lichem Sex nur sehr wenig gemeinsam hat.«[118]

Im ersten Berliner Puppenbordell, einem »Sexspielplatz für Erwach-sene« kann man sich mit Silikon-Damen vereinen. Offiziell ist der Ort eine Kunstausstellung. »Die Betreiber wollen zeigen, wie Intimität von Mensch und Maschine verschmelzen könnte – und sexuelle Ein-vernehmlichkeit lehren«.[119]

117 Sigusch, 2016, S.182

118 Stokowski, Margarete: Untenrum frei,Reinbek bei Hamburg,Rohwohlt Taschenbuch, 2020, S.9

119 tipBerlin:»Cybrothel« Zu Besuch in Berlins erstem Puppenbordell, 22.06.2022

Abbildung 42: https://cybrothel.com/_next/image?url=https%3A%2F%2Fbacken

Abbildung 43: https://cybrothel.com/_next/image?url=https%3A%2F%2Fbackend.
cybrothel.com%2Fwp-content%2Fuploads%2F2022%2F09%2Fkokeshi-325744_13.
jpg&w=1200&q=75ybrothel.com%2Fwp-content%2Fuploads%2F2021%2F03%2F01-
scaled.jpg&w=1200&q=75

Das Ende der Body Positivity Bewegung sei gekommen, heißt es im Januar 2024. Ursprünglich hatte die Body Positivity-Bewegung das Ziel die gesellschaftliche Akzeptanz verschiedener Köperbilder und die Abschaffung unrealistischer, diskriminierender Schönheitsideale. Es sollte ein Befreiungsschlag sein, doch für viele steht #bodypositivy mittlerweile für die Selbstliebe des eigenen Körpers. Menschen folgen InfluencerInnen die es vermeintlich schon geschafft haben mit sich rundum zufrieden zu sein. Doch inzwischen werden die Ziele kritischer gesehen. Während sich auf der einen Seite die Menschen mit bodypositivity beschäftigen, gibt es auf der anderen Seite eine »Konjunktur der Männlichkeit«[120]

Jeder dritte Mann findet Gewalt gegenüber seiner Partnerin anzuwenden akzeptabel. Diese Kernaussage einer umstrittenen Umfrage

---

120 der Freitag: »Konjunktur der Männlichkeit«. Die rechte Sexualitätspanik, 03.12.2023

von »Plan international« sorgte für Schlagzeilen.« Fakt ist, dass die Opfer von Gewalt in Partnerschaften in den vergangenen fünf Jahren um 3,4% gestiegen sind. »Der gegenwärtig sehr aggressiv auftretende Antifeminismus wird allerdings eher von jüngeren Männern propagiert« heißt es in einem Artikel, in dem nach der Ursache für dieses Verhalten gesucht wird.[121/122]

7.3. Prostitution im neuen Jahrtausend

7.3.1. Sexarbeitslobby, Selbsthilfevereine und Beratungsstellen

Schon in den liberalen 70er Jahren baute die Sexindustrie Lobbygruppen auf, um in der Bevölkerung die Einstellung Prostitution sei »ein Beruf wie jeder andere« zu etablieren. Bei Hurenbällen in Amerika wurden prostituierte Frauen medienwirksam versteigert. Zum Höhepunkt kam es beim Hurenball 1978, an dem 20 000 Menschen teilnahmen. Die Bewegung wurde auch von sogenannten soliden Frauen, wie Juristinnen, Sozialarbeiterinnen etc. unterstützt. Die amerikanische Initiative Coyote wurde schon 1973 gegründet. Auch nach Jahren der Gründung, zählte die Organisation nur wenige Prostituierte. Trotzdem wurde die Organisation von den GründerInnen als »Hurengewerkschaft« bezeichnet. Der Begriff »Sexarbeit« wurde maßgeblich von dieser Organisation geprägt, weshalb ehemalige Prostituierte die Begriffe »Sexarbeit« und »Sexarbeiterin« als »Zuhältersprache« ablehnen. Der Begriff umfasst nicht nur sich prostituierende Frauen, sondern alle in der »Sexarbeit« Tätige. Hierzu gehören z.B. auch PornodarstellerIn-

121 Horsthemke, Sina: »Es gibt belastbare Zahlen, die nicht weniger erschreckend sind«, spektum.de, 26.06.2023
122 Benz, Anton: Gewaltbereitschaft junger Männer: Männlichkeit in Gefahr, spektrum.de, 20.02.2023

nen und Profiteure der Sexindustrie wie BordellbetreiberInnen, ZuhälterInnen, Vermittlungsagenturen etc.. Die Organisation Coyote war sehr geschickt und umtriebig in der Vermarktung ihres Konzepts und im Kassieren von Geldern. Es ging darum Prostitution als »Arbeit« zu normalisieren.[123] Das NSWP (Network of Sex Projekts) ist heute in mehr als 40 Ländern vertreten. Es gibt ähnliche Organisationen, die von der EU (Europäischen Kommission) viele Gelder für Kampagnen der HIV Prävention aber auch zur Schadenminimierung

in der Prostitution kassiert haben. Ziel sei es für »Menschen, die Sex verkaufen«, eine bessere Lebensqualität zu erreichen, indem sie ihnen Tipps auf Hochglanzbroschüren geben und Kondome und Gleitgel verteilen. Die Sexarbeitslobby erreichte sogar, dass die WHO (World Health Organisation) sich 2001 für eine Legalisierung von Prostitution aussprach. Nach Aussage einer Mitarbeiterin einer Sexlobby-Organisation gibt es keinen Menschenhandel zur sexuellen Ausbeutung, sondern nur migrantische Sexarbeiterinnen.[124] Zu erwähnen sind noch die schlagkräftigen Lobbyverbände wie der BSD (Bundesverband sexuelle Dienstleistungen e.V.) ein deutschlandweiter 2002 in Berlin gegründe-

---

123 AIDS-Geld, Lobbyarbeit und Hurenprojekte: http://abolition2014.blogspot. de/2015/07/aids-geld- lobbyarbeit-und-hurenprojekte 30.html, 30.07.2015
124 Im Jahr 2000 heißt es in den USA: Ärztinnen und Biologinnen begründen eine neue Frauenbewegung den »Femalismus« (von female=Weib, weiblich) im Gegensatz zum Feminismus (feminin=fraulich). Nicht die Frau in der Gesellschaft zu befreien sei das Ziel, sondern das »Wesen des Weiblichen zu erfassen«. Sie wollen die Bedeutung der Frau im Bereich Evolution und Biologie erweitern und erneuern. Annie Sprinkle (Pornostar und Ex-Prostituierte, die sich selbst als Chauvi-Schwein bezeichnet) präsentiert vor hunderten von Zuschauern ihre Genitalien. Jeder konnte mit einer Taschenlampe in sie hineinschauen. Sie wollte damit den Schleier der Unwissenheit lüften. (Der Spiegel 30/00, S. 74 ff.) Diese Bewegung betrieb Lobbyarbeit, was aber im Spiegel-Artikel nicht als solche gekennzeichnet wurde.

ter Berufsverband der Prostitutionsbranche, für Bordellbetreiber und SexarbeiterInnen. Er bietet Prostitutionsstätten sogar ein »BSD-Gütesiegel« an. Der BesD (Berufsverband erotische und sexuelle Dienstleistungen) ist ebenfalls sehr aktiv.[125] Viele, auch seröse Verbände[126/127] unterscheiden lediglich zwischen »Sexarbeiterinnen« und »Zwangsprostituierten«.

Die Bücher »Wir sind Frauen wie andere auch!« Prostituierte und ihre Kämpfe von Pieke Biermann (1980)[128] und das Buch: »Wir Kinder vom Bahnhof Zoo« mit Christiane F. (1978)[129] als Protagonistin, waren in den 80er Jahren Bestseller. Der Berliner Bahnhof Zoo, war in den 1970er und 1980er Jahren ein zentraler Treffpunkt der West-Berliner Drogenszene. Das Buch wurde auch verfilmt und Christiane

125 http://abolition2014.blogspot.de/2015/07(aids-geld-lobbyarbeit-und-hurenprojekte 30.html,30.07.2015
126 DGfS; Digitaler Donnerstag, Thema: Sexarbeit zwischen Mythen und Realität, Harriet Langanke (Journalistin) und Daria Oniér (Domina und Sprecherin des Berufsverbandes BesD)
127 Auf der Jahrestagung der Deutschen Gesellschaft für Psychosomatische Frauenheilkunde und Geburtshilfe (DGPFG) 2017 hat die Gynäkologin Dr. D. Kimmich-Laux, die Sprechstunden in HH für drogenabhängige Prostituierte anbietet, zusammen mit Frau Morgenroth vom BesD die Aktion »Roter Stöckelschuh« ins Leben gerufen. Die Aktion wird vom Verein Frauen fördern die Gesundheit e.V und deren Vorsitzenden Frauenärztin. Dr. med. Brigitte Klein unterstützt. FrauenärztInnen sollen mit einem Aufkleber im Eingangsbereich, auf dem ein roter Stöckelschuh abgebildet ist signalisieren, dass sie das Projekt unterstützen. Projektträger des Berliner Modellprojekts, das auch Fortbildungen für ÄrztInnen geplant hatte, ist der Berufsverband erotische und sexuelle Dienstleistungen e.V. (BesD). Deutsches Ärzteblatt, Jg.114, Heft 15, 14.04.2017
128 Biermann, Pieke »Wie sind Frauen wie andere auch«, Argument Verlag, 1980/2014
129 F., Christiane: »Wir Kinder vom Bahnhof Zoo«, 1978

F. war »prominenter Gast in Fernseh-Talk-Shows«. 2017 wurde sogar eine Fernsehserie über das Thema gedreht.[130]

Abbildung 44: Christiane F.:
Wir Kinder vom Bahnhof Zoo,
Kai Hermann, Horst Rieck,
Christiane F., Carlsen Verlag 2017

Es kam in den 80er Jahren zu einer polarisierten Debatte über Prostitution, weil Prostituierte als Risikogruppe für die Übertragung des HIV (Human-Immundefizienz-Virus) in der Öffentlichkeit angesehen wurde. Es ging aber nicht nur um Schutz vor einer vorwiegend sexuell übertragbaren Erkrankung, sondern auch um Frauenrechte und eine eher konservative Sexualmoral, die nicht mehr zeitgemäß war. In der Folge kam es zur Gründung von Selbsthilfevereinen wie Hydra »Verein zur Förderung der beruflichen und kulturellen Bildung weiblicher Prostituierter e.V.« 1980 in Berlin und HWG

(Huren Wehren sich Gemeinsam)1984 in Frankfurt.[131] In der Folge wurden noch viele Selbsthilfevereinen und Beratungsstellen von Nichtprostituierten und Prostituierten gegründet, wie z.B. Dona Carmen in Frankfurt und

---

130 F., Chistiane: Fernsehserie: Wikipedia 2021
131 HWG – Huren Wehren sich Gemeinsam, wurde 1984 federführend von der Autorin als Selbsthilfe-Verein zwischen Prostituierten und Nichtprostituierten im Rahmen ihrer Promotions-Forschungstätigkeit gegründet. Treffpunkt war das Stadtteilbüro Gutleut in der Karlsruher Str. 5, 5000 Frankfurt/Main.

Kassandra 1987 in Nürnberg. Ursprünglich ging es darum, den Frauen in der Prostitution eine Stimme zu geben und der Stigmatisierung der Frauen in der Prostitution entgegen zu wirken. Viele Beratungsstellen die ebenfalls in den 80er und 90er Jahren gegründet wurden, haben sich allerdings mit der Zeit zu Lobbyvereinen verwandelt. Sie machen eher Einstiegs- als Ausstiegsberatung und bekommen hierfür Geld vom Staat. So wird z.B. Hydra in Berlin vom Berliner Senat finanziell unterstützt.[132]

7.4. Die gesetzliche Regelung

Nach der gesetzlichen Regelung vor 2002 galt Prostitution als eine sozial unwerte, sittenwidrige Tätigkeit. Jegliche Förderung der Prostitution (§180a StGB) und dirigistische Zuhälterei (§180aStGB) stand unter Strafe und war verboten. Fremdbestimmung durch Bordellbetreiber in Form von Dienstplänen oder Kleidungsvorschriften oder hinsichtlich der Art der Dienstleistung war nicht erlaubt. Werbung für Prostitution war generell verboten (§ 119 OWiG). Prostituierte hatten sich regelmäßigen Gesundheitsuntersuchungen zu unterziehen. Der Untersuchungsnachweis, von den Betroffenen als »Bockschein« bezeichnet, hatten die Frauen immer mit sich zu führen. Mit dem Infektionsschutzgesetz (IfSG) wurde diese Zwangsuntersuchung 2001 abgeschafft und auf Freiwilligkeit und Selbstverantwortung gesetzt. Durch die Zunahme von osteuropäischen Prostituierten, durch die EU-Osterweiterungen, stiegen auch die Infektionszahlen wieder an.[133/134]

---

132 http://abolition2014.blogspot.de/2015/07, aids-geld-lobbyarbeit-und-hurenprojekte 30.html, 30.07.2015
133 Sporer, Helmut: Der neue deutsche Weg Für eine Neuordnung der Prostitutionsgesetzgebung, München, Hans Seidel Stiftung, 2022, S. 25
134 vgl. Kreuzer, S. 115

7.4.1. Das Prostitutionsgesetz (ProstG)

Die sexuelle Liberalisierung führte 2002 schließlich zu einer veränderten, sehr liberalen Gesetzgebung. Diese entstand durch die Initiative von Selbsthilfevereinen in Zusammenarbeit mit der Partei Bündnis90/ Die Grünen, der sich dann die Sozialdemokratische Partei Deutschlands (SPD) anschloss. Mit dem 01.01.2002 in Kraft getretenen Prostitutionsgesetz (ProstG) sollten Benachteiligungen von Frauen in der Prostitution abgeschafft werden und es sollte eine Entstigmatisierung der Frauen in der Prostitution erfolgen. Die Sittenwidrigkeit wurde aufgehoben. Prostituierte haben seitdem Zugang zur Sozialversicherung, wie Kranken- Arbeitslosen- und Rentenversicherung. Es ist den Frauen seitdem auch möglich die Bezahlung ihrer Dienstleistung einzuklagen. Die Strafbarkeit der Förderung der Prostitution, wurde abgeschafft. Letzteres führte zu einem Paradigmenwechsel, mit einschneidenden Folgen. Deutschland hatte damit die liberalste Prostitutionspolitik in der Europäischen Union.[135] Die Folgen dieses Gesetzes waren letztendlich verheerend, weil dadurch Deutschland zur Drehscheibe der Prostitution, zum »Bordell Europas«, zum »Paradies für Sextouristen aus der ganzen Welt« wurde.[136] Es hat sich seidem ein neuer Typ von Bordellen entwickelt. Am Stadtrand vieler Städte entstanden Großbordelle mit gut sichtbarer Werbung. Sie nennen sich Wellness-Oase wie z.B. das Paradise in Stuttgart. Rund 80 solcher Bordelle wurden seit 2002 in Deutschland eröffnet. Ein sehr bekannter Betreiber, der auch in Talkshows auftrat, war Jürgen Rudloff, der seine Bordelle als lukratives, Geschäftsmodell für Investoren anpries. Es entstanden Flatrate-Bordelle, wo der Freier/ Sexkäufer nur einen Pauschalbetrag zahlte und dafür so viele Frauen

---

135 Huber, Alisia: Hurenstigma. Die politische und gesetzliche Regulierung von Sexarbeit und die Rolle der Sozialen Arbeit, Grin Verlag 2019, S. 19 ff.
136 Bordell Deutschland, Deutsche Erstausstrahlung: 18.11.2017 (ZDFinfo)

wie er wollte, in Anspruch nehmen konnte. In den Bordellen wurden den Sexkäufern auch besondere Events wie z.B. gespielte Vergewaltigungen etc. angeboten. Bei der Eröffnung einiger Bordelle sollen die Männer Schlange gestanden haben. Sie kamen teilweise von weit her, um hier in Deutschland, für wenig Geld in ein Bordell zu gehen. In den Bordellen standen den Sexkäufern zwischen 20 bis 40 Frauen, minimal bekleidet oder nackt zur Verfügung. Eine weitere Variante waren Bang-Gang-Partys. Diese fanden entweder in einer »Erlebniswohnung«, oder in Bordellen statt. Hierbei kommt es zur Penetration von vielen, teilweise bis zu 30 und mehr Männern, bei einer einzelnen Frau. Es handelt sich hierbei um eine bezahlte »Gruppenvergewaltigung«.[137]

Eine relativ neue Variante der Billig Prostitution sind die Garagenähnliche Parkplätze, wo die Prostituierten ihre Freier im Auto oder einem Container bedienen können, wie in Köln, Essen und Dortmund. Eine noch unsäglichere Form der Straßenprostitution sind die Verrichtungsboxen in Berlin. Es sind Klo-Häuschen. »Mit der Verrichtungsbox sind wir auf dem richtigen Weg« meinte Bezirksbürgermeisterin Angelika Schröttle (SPD). In der Zeitschrift EMMA meint Frau Ross dazu, dass mit »einem Fick-Klo der Tiefstand unserer Zivilisation erreicht ist.« Andere sprechen von Bio-Toiletten, das hört sich wohl besser an, ist aber das gleiche.[138] Als Bordellbetreiber fungieren auch oft Organisationen wie die Hells Angels, kriminelle Rockerbanden und/oder Motorradclubs, die bundesweit organisiert sind. Sie betreiben oft

---

137 Der Begriff Gangbang kommt aus US-amerikanischen Ghettos und bezeichnet eigentlich eine Gruppenvergewaltigung durch ein kriminelles Kollektiv. Es bezeichnet hier die Penetration einer Frau durch eine Vielzahl an Männern. «Anbieter gangbangartiger Pornographie überbieten sich regelmäßig mit der Zahl der Männer, die eine einzelne Frau penetrieren. Die Frauen werden entweder pro Kunde (z.B. 30 €) bezahlt oder bekommen im Bordell pro Stunde zwischen 60 und 100€«. Der letzte Gangbang? (htttps://www.zitty.de/berlin/)
138 Ross, Annika: in: EMMA 4.9.2020

Bordelle über Strohmänner/frauen.[139] Eine Untersuchung des BMFSFJ aus dem Jahre 2007 ergab, dass von den befragten Frauen, die als Prostituierte arbeiten, 92% sexuelle Belästigung, 87% körperliche Gewalt und 59% sexuelle Gewalt erfahren hatten. 41% hatten die Gewalt im Zusammenhang mit ihrer Arbeit erfahren. Ca. die Hälfte der Befragten wies Symptome einer Depression auf, eine Viertel hatte häufig oder gelegentlich Selbstmordgedanken und 41% nahmen Drogen und 43% hatten als Kind sexuellen Missbrauch erlebt.[140]

7.4.2. Das Prostituiertenschutzgesetz (ProstSchG)

Nachdem durch einen Evaluationsbericht des BMFSFJ 2007[141] und von zahlreichen ExpertInnen und Fachgesellschaften aufgezeigt werden konnte, dass die ursprünglichen Intentionen des Gesetzgebers nicht erfüllt wurden[142], kam es nach langer kontroverser Diskussion zum Prostituiertenschutzgesetz (ProstSchG). Dieses trat am 01.07.2017 in Kraft. Ziel dieses Gesetzes war, das »Selbstbestimmungsrecht von Menschen in der Prostitution zu stärken« und »Rechtssicherheit« zu schaffen. Seitdem besteht für sich prostituierende Frauen eine »persönliche Anmeldepflicht«. Diese findet in der Regel beim Ordnungsamt und die Pflicht zur gesundheitlichen Beratung, im zuständigen Gesundheitsamt statt. Den Nachweis hierüber, von den Betroffenen »Hurenpass« genannt, haben sie bei der Ausübung ihrer Tätigkeit mit sich zu führen. Es kann auf Wunsch auch eine Aliasbescheinigung,

---

139 Weisfeld, Michael ARD-Radiofeature, Licht aus im Bordell 30.05.2021
140 BMFSFJ (Hg.): Lebenssituation, Sicherheit und Gesundheit von Frauen in Deutschland, 2007,
141 BMFSFJ (Hg.): Bericht der Bundesregierung zu den Auswirkungen des Gesetzes zur Regelung der Rechtsverhältnisse der Prostituierten (Prostitutionsgesetz -ProstG), Stand 2007
142 Günter Gehl (Hrsg.): Prostitutionsland Deutschland? Eine Bilanz nach den Prostitutionsgesetz von 2002, Bertuch Verlag, 2010

mit einem Pseudonym ausgestellt werden. Prostitutionsstättenbetreiber müssen sich einer Zuverlässigkeitsprüfung unterziehen und haben ein Betriebskonzept vorzulegen. Dazu gehört z.B. dass der Raum, in dem die sexuelle Handlung ausgeübt wird, über ein Notrufsystem verfügt. Es ist keine gesundheitliche Untersuchung, sondern lediglich eine Pflicht-Beratung vorgesehen, die ab 21Jahren, jährlich wiederholt werden muss. Von 18. bis zum 21. Lebensjahr, halbjährlich. Bei Änderung des Tätigkeitsortes muss eine neue Anmeldebescheinigung ausgestellt werden. Bei der Anmeldung werden die Betroffenen über Hilfsangebote und bestehende Gesetze wie z.B. die geltende Sperrbezirksverordnung oder die bestehende Steuerpflicht beraten. Außerdem wurde eine Kondompflicht eingeführt, deren Überprüfung allerdings kaum möglich ist. Verboten wurden sogenannte Flatrate-Bordelle und Gang Bang Partys und Werbung für schwangere Prostituierte.

Das Gesetz wird seit Inkrafttreten von verschiedenen Seiten kontrovers diskutiert und kritisiert. Klagen von Lobby-Vereinen, Bordellbetreibern und Freiern z.B. vor dem Bundesgerichtshof wurden abgelehnt. Nach § 10 Abs.2 des ProstSchG soll sich die gesundheitliche Beratung angepasst an die persönliche Lebenssituation gestaltet werden. Die Beratung soll die Themen Krankheitsverhütung, Empfängnisregelung, Schwangerschaft und Risiken des Alkohol- und Drogengebrauchs einschließen.

Das Bundesministerium für Familie, Senioren, Frauen und Jugend (BMFSFJ) hat im Oktober 2020 einen Leitfaden zur gesundheitlichen Beratung nach § 10 des ProstSchG herausgegeben, in dessen mehrstufigem Entstehungsprozess Expertinnen und Experten aus verschiedenen Beratungsstellen teilnahmen. Die Konzeption und Redaktion wurde allerdings nicht von ÄrztInnen und im Gesundheitsbereich Tätigen, wie zu erwarten gewesen wäre, verantwortet, sondern von einer Journalistin. Letztere hat sich eher mit der Prostitutionslobby verbündet, denn sie ignoriert neuere Untersuchungen und bezieht seit Jahren dezidiert Stellung gegen das Nordische Modell nach schwedischem Ansatz.[143] Im Gesetz heißt es, Prostitution sei ein Wirtschaftszweig mit erheblichen Umsätzen, jedoch seien in diesem Bereich die Grundrechte, die sexuelle Selbstbestimmung und persönliche Freiheit, Persönlichkeitsrechte und die Gesundheit in besonderer Weise gefährdet. Fehlende behördliche Aufsichtsinstrumente begünstigen kriminelle Strukturen. Es müsse auch berücksichtigt werden, dass Prostitution nicht selten von Personen ausgeübt werde, »die sich in einer besonders verletzlichen oder belasteten Situation befinden und deshalb nicht in der Lage sind, selbstbestimmt für ihre Rechte einzutreten. Menschenhandel und Gewalt gegen Prostituierte und Ausbeutung von Prostituierten und Zuhälterei sollte bekämpft werden.[144]

Obwohl jetzt schon klar zutage tritt, dass das Ziel des Gesetzes nicht erreicht werden kann, weil 90- 95% der Frauen Ausländerinnen sind, die meist aus ärmsten Verhältnissen kommen und Bordellbetreibern und Menschenhändlern hilflos ausgeliefert sind, weil sie durch äußeren und inneren Zwang wie z.B. Armut und/oder mangelnde Qualifizierung und Sprachkenntnisse oder z.B. durch Abhängigkeiten von Zuhältern und Menschenhändlern in der Prostitution tätig sind. Von den (seit Jahren) geschätzten 200 000 bis 400 000 in der Prostitution tätigen Frauen hat sich bis dato nur ein Teil angemeldet. Nach Angaben des Statistischen Bundesamts waren bei den Behörden in Deutschland Ende 2023, 30636 Prostituierte nach dem ProstschG angemeldet. Ende 2022 waren es rund 28 280. Das seien 19,1 % mehr als im Vorjahr gewesen.

---

143 BMFSFJ (Hg.) Leitfaden zur gesundheitlichen Beratung nach §10 des Prostituiertenschutzgesetzes, ProstSchG) 2020, S. 82

144 Deutscher Bundestag, Gesetzentwurf der Bundesregierung, Entwurf eines Gesetzes zur Regulierung des Prostitutionsgewerbes sowie zum Schutz von in der Prostitution tätigen Personen, Drucksache 18/8556, 25.05.2016

Sowohl 2022 als auch 2023 besaßen nur 18% (ca. ein Fünftel) die deutsche Staatsangehörigkeit. Ende 2021 waren es noch 23.700 und im Jahr 2019, also vor der Corona-Pandemie waren es 40.370. Ende 2022 waren außerdem 2.310 Prostitutionsgewerbe nach dem ProstSchG gemeldet. Ende 2021 waren es 2.290 und Ende 2019 waren es 2.170. Es ist verwunderlich, dass die Zahl der Prostitutionsstätten, trotz Corona eher zugenommen hat.[145] (2021: 23 740).

Die Nationalitäten hier nochmal grafisch dargestellt, der in Deutschland in der Prostitution Tätigen:

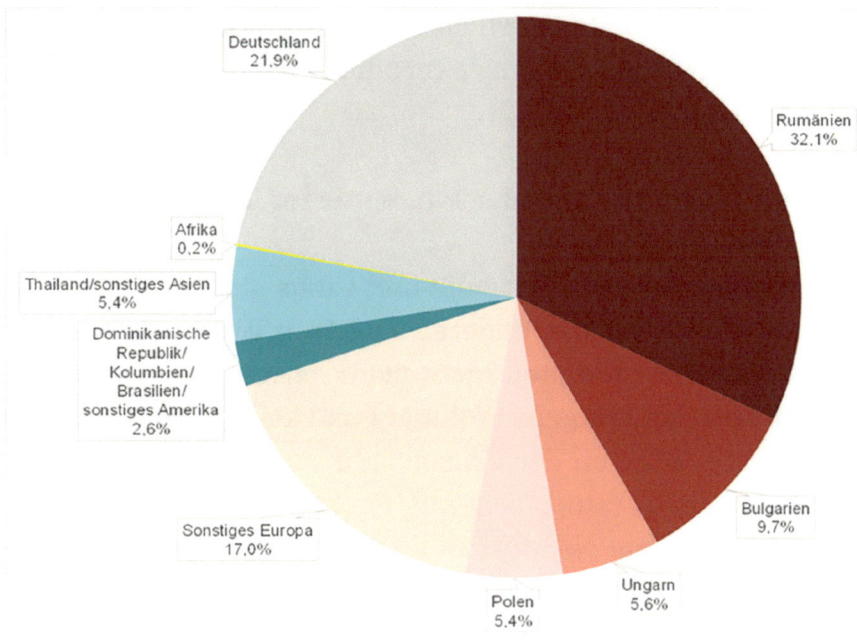

Abbildung 45: Quelle: Statistisches Bundesamt 2019

---

145 Statistisches Bundesamt: Pressenmitteilungen 2023/09, Anmeldungen nach dem ProstschG,

7.5. Und dann kam Corona

Die weltweite Ausbreitung von COVID-19, dem Corona-Virus wurde seit dem 11. März 20 als Pandemie eingeschätzt. Das Gesundheitsrisiko für die Bevölkerung wurde als hoch eingeschätzt, so dass am 20.03.20 der Katastrophenfall ausgerufen wurde. Dies bedeutete erhebliche Einschränkungen in der Lebensführung für jeden Einzelnen. Nach dem geltenden Infektionsschutzgesetz galt, dass ein Mindestabstand zwischen zwei Personen von 1,5m einzuhalten ist und das Verlassen der eigenen Wohnung nur bei Vorliegen triftiger Gründe erlaubt war. Hierzu zählte z.B. der Einkauf von Lebensmitteln und die Inanspruchnahme von medizinisch dringend erforderlichen Versorgungsleistungen. Das Tragen einer Mundschutzmaske wurde verpflichtend. Alle körpernahen Dienstleistungen wurden untersagt.

7.5.1. Auswirkungen und Folgen der Pandemie im Bereich der Prostitution

Prostitution wurde verboten, Bordelle und Clubs geschlossen. Viele Frauen, die von einem auf den anderen Tag kein Einkommen mehr hatten, konnten die hohen Mieten nicht mehr bezahlen und standen, weil die meisten auch keine eigene Wohnung und keine Rücklagen hatten, vor dem Nichts. Ein Teil der Frauen fuhr zurück in die Heimat, solange noch kein Einreisestopp bestand, ein anderer Teil stand auch deshalb »plötzlich vor dem Nichts«, weil ihnen das Geld für eine ungeplante Reise fehlte. Einige meldeten sich bei den Behörden an und versuchten über den Nothilfe-Fonds Unterstützung zu bekommen oder versuchten sich mit HARTZ IV über Wasser zu halten. Dies empfanden viele Frauen als Demütigung, weil sie genau das niemals wollten. Bordellbetreiber ließen die Frauen, oft für die halbe Miete (zwischen 50€ und 90€/Tag), in den Bordellen wohnen, so dass sie, desto länger der Lockdown dauerte, desto höhere Miet- und Versorgungs-Schulden anhäuften. Der BesD (Berufsverband erotische und sexuelle Dienstleistungen) organisierte sogar Demonstrationen gegen »ein Arbeitsverbot« für SexarbeiterInnen« aufgrund der Corona-Krise und informierte auf seiner Website über einen Nothilfe-Fonds, der bald erschöpft war, so dass er um Spenden und staatliche Hilfen für »Sexarbeiterinnen« bitten musste. Last, but not least fand die Prostitution trotz des Lockdowns in der Illegalität statt, auf der Straße, in Wohnungen und in Hotels, trotz der hohen Strafandrohung von 500€. Bordelle waren laut Corona-Schutz-Verordnung mehrheitlich (es gab unterschiedliche Anordnungen) geschlossen, Sexarbeiterinnen durften ihre Dienste in der Corona-Krise in der Regel nicht anbieten. Tatsächlich taten sie es aber doch, vor allem in sogenannten Bordellwohnungen. »Mitunter stehen die Freier im Hausflur Schlange«, berichtete Hannah Drechsel von Karo e. V. der Deutschen Presse-Agentur.[146]

»Nach Angaben des bayerischen Justizministeriums ist die Zahl der Strafverfahren wegen Zwangsprostitution, Menschenhandel und Zuhälterei in den vergangenen beiden Jahren förmlich explodiert... in diesem Jahr (2021), gab es schon mehr als 200 Ermittlungsverfahren wegen verbotener Prostitution«. Allein in München gab es während der Pandemie 260 Ermittlungsverfahren.[147] Nach den Erfahrungen einer Beratungsstelle der vergangenen beiden Jahre sind aber auch viele Prostituierte dabei sich neu zu orientieren und wollen sich einen krisenfesten Job suchen.[148]

---

146 https://www.berliner-kurier.de, 18.11.20
147 PANORAMA: Prostitution in Corona-Krise: »Die Frauen sind im Dauer-Angstzustand«16.11.20
148 Neues Deutschland.de/04.10.2021/Politik

7.6. Profiteure der Prostitution

7.6.1. Die Freier

Freier können alle Männer sein, der Nachbar ebenso, wie Handwerker, Beamte, Richter oder der Arzt, ob verheiratet oder nicht, spielt keine Rolle. Im Bereich der Prostitution werden anscheinend Bedürfnisse gestillt, die anderswo tabu sind oder z.B. der Zugang sonstwie erschwert ist. In der Prostitution geht es um Macht. Darum, für Geld alles mit einem Frauenkörper machen zu können.

Eine Liste an Sexualpraktiken, die in der Prostitution gang und gäbe sind, zeigt, dass es sich bei vielen Sexualpraktiken um Frauen entwertende, demütigende Praktiken handelt. Hierbei geht es nicht um Sex, sondern um Machtausübung. Am häufigsten wird ohne Kondom nachgefragt. Für jede Praktik gibt es eine im Rotlichtmilieu verwendete Abkürzung. Für Kuscheln oder Reden gibt keine Abkürzung.

Nachgefragte Praktiken:

AF = Algierfranzösisch (Zungenanal)
AFF = Analer Faustfick (die ganze Hand im Hintereingang)
AHF = Achselhöhlenfick
Aufn. = Aufnahme (zumeist des Spermas) in den Mund
AO = alles ohne Gummi
Braun-weiß = Spiele mit Scheiße und Sperma
BS = selten: blood sports (Spiele mit Blut, z.B. Schnitte zufügen)
BV = Brustverkehr, auch Tittenfick genannt
DP = Doppelpack (Sex mit zwei Frauen) oder: double Penetration (zwei   Männer in einer Frau)
EL = Eierlecken
FAa = Finger-Anal aktiv (Frau fingert Partner in den Po)
FAp = Finger-Anal passiv (Frau lässt sich in den Po fingern)
FF = Faustfick
FFT = Faustfick total
FN = Französisch natur, also ohne Gummi
FO = mehrdeutig: a) Französisch ohne Gummi, b) Französisch optimal: dasselbe wie
Aufnahme, also mit Abspritzen in den Mund, c) dasselbe wie b), aber   zusätzlich mit Schlucken
FP = Französisch pur (Blasen ohne Gummi und ohne Aufnahme
FT = Französisch total doppeldeutig: Blasen ohne Gummi mit Spermaschlucken und seltener: Blasen ohne Gummi bis zum Finale,
     aber ohne Schlucken
GB = Gesichtsbesamung (manchmal auch Gangbang , also Gruppensex, aber mit deutlichem Männerüberschuss)
GS = Gruppensex
KB = Körperbesamung
KKK = Kniekehlenfick
KVa = Kaviar aktiv (Frau scheißt auf Mann, und zwar im wahrsten Sinne des Wortes)
Kvp = Kaviar Passiv (Frau lässt sich anscheißen)

MA = mit Aufnahme (zumeist des Spermas) in den Mund
MV = mit Vollendung (die Sexpraktik - meistens steht mV in Verbindung mit Blasen ohne Gummi - wird bis zur Ejakulation fortgeset zt
NSa = Natursekt aktiv (Frau pinkelt auf Mann)
Nsp = Natursekt passiv (Frau lässt sich anpinkeln)
OV = Oralverkehr (Blasen, Lecken)
RRR = rein -raus -runter
Spanisch = Tittenfick
SpZK = Spermazungenk üsse (man kann auch mit vollem Mund küssen)
SS = Spermaschlucken oder Straßenstrich
SW = Sandwich, eine Frau zwischen zwei Männern
Tbl. = tabulos, ALLES ist erlaubt
TF = Tittenfick
ZA = Zungenanal (am / im Hintereingang lecken)

Abbildung 46: Quelle: Heiliger (o.J.)

Im Internet tauschen sich Freier vollkommen ungeniert über ihre Erlebnisse in der Prostitution aus und bewerten die Frauen, wie eine beliebige Ware. Eine Studie von Farley et al, 2022, bei der 763 Freier in sechs Ländern befragt wurden, kommen insgesamt zu erschreckenden Ergebnissen. Sexkäufer in Deutschland legitimieren sexuelle Übergriffe auf Frauen in der Prostitution mit dem gefährlichen Mythos, Prostitution verhindere Vergewaltigung. Sie belegen auch eine höhere toxische Männlichkeit und ein Mangel an Empathie. Viele Sexkäufer glauben, die Vergewaltigung einer prostituierten Frau sei nicht möglich. [149/150/151]

149 Farley, Melissa, Inge Kleine, Kerstin Neuhaus, Yoanna McDowell, Silas Schulz, Saskia Nitschmann: Männer in Deutschland, die für Sex zahlen – und was sie uns über das Scheitern der legalen Prostitution beibringen: ein Bericht über das Sexgewerbe in 6 Ländern aus der Perspektive der gesellschaftlich unsichtbaren Freier, Prostitution Research and Education, Berlin, 08. November 2022
150 BMFSFJ: Lebenssituation, Sicherheit und Gesundheit von Frauen in Deutschland: Teilpopulation 2 – Prostituierte, 2004, S. 37
151 TERRE DES FEMMES, #Sex ist unbezahlbar Für eine Welt ohne Prostitution, 08/2019, S.18

Hier einige Beispiele der Sichtweise von Freiern:

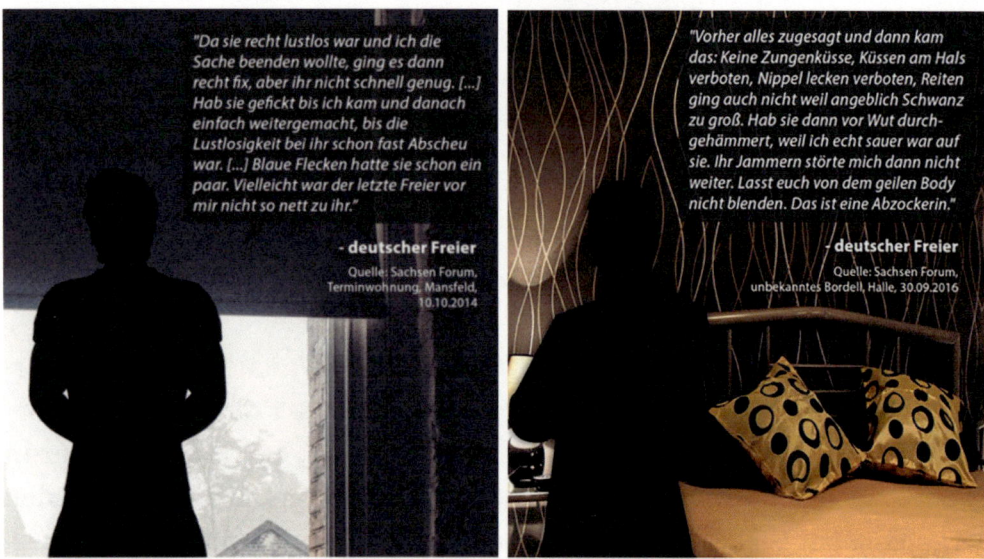

"Da sie recht lustlos war und ich die Sache beenden wollte, ging es dann recht fix, aber ihr nicht schnell genug. [...] Hab sie gefickt bis ich kam und danach einfach weitergemacht, bis die Lustlosigkeit bei ihr schon fast Abscheu war. [...] Blaue Flecken hatte sie schon ein paar. Vielleicht war der letzte Freier vor mir nicht so nett zu ihr."

- deutscher Freier

Quelle: Sachsen Forum,
Terminwohnung, Mansfeld,
10.10.2014

"Vorher alles zugesagt und dann kam das: Keine Zungenküsse, Küssen am Hals verboten, Nippel lecken verboten, Reiten ging auch nicht weil angeblich Schwanz zu groß. Hab sie dann vor Wut durchgehämmert, weil ich echt sauer war auf sie. Ihr Jammern störte mich dann nicht weiter. Lasst euch von dem geilen Body nicht blenden. Das ist eine Abzockerin."

- deutscher Freier

Quelle: Sachsen Forum,
unbekanntes Bordell, Halle, 30.09.2016

Abbildung 47: Quelle: die unsichtbarenmaenner.woldpress.com

Auf Drogen **Traurig** **Unerfahren** **Nervös**

Betrunken **Schüchtern**

Nervig Steril Ängstlich Angewidert

Hysterisch **Arrogant** **Zurückhaltend**

Zickig Wortkarg

Unhöflich **Distanziert**

Unfreundlich Wie eine Leiche Reglos

Eingebildet Unbeteiligt

Unverschämt **Lustlos**

Frech Widerwillig Mechanisch **Trocken**

Gestresst Emotionslos

Hektisch Unmotiviert **Gelangweilt**

Aufgescheucht Desinteressiert

Ungeduldig **Faul** **Müde**

Häufige Beschreibungen für Frauen in der Prostitution, verwendet von Freiern des AO Huren, Ladies, Lusthaus und Tabulos Forum (2018)

Abbildung 48: Die meist verwendeten Begriffe von Freiern für in der Prostitution tätige Frauen. Quelle. Dieunsichtbarenmaenner.woldpress.com

Abbildung 49: Von Freiern verwendete Begriffe.
Quelle: dieunsichtbarenmaenner.woldpress.com

7.6.2. Sonstige Profiteure

Profiteure der Prostitution sind nicht nur die Freier, sondern auch der Staat, die Zuhälter, Bordellbetreiber, die Zimmervermieter und die gesamte Industrie, die hiermit im Zusammenhang steht.[152] Seit 1964 sind Prostituierte steuerpflichtig. Es handelte sich um »sonstige Einkünfte« im Sinne des EstG. Die Definition und Begründung der Steuerfähigkeit der Prostituierten war bis 2002 aufgrund der »Sittenwidrigkeit« ein juristischer Klimmzug. Seit 2013 sind Prostituierte gewerbesteuerpflichtig[153]

---

152 Geschätzter Umsatz: 14,5 Mrd. Euro pro Jahr, lt.ver.di. Der Bundesrechnungshof (2014) geht ebenso von einem Umsatz von mehreren Milliarden Euro pro Jahr aus.

153 Kreuzer, 1988, S129. Der Bundesfinanzhof entschied 2013, dass die Einnahmen einer Prostituierten gewerbesteuerpflichtig sind und nicht mit unter »sonstige Einkünfte« fallen. In Bonn gibt es z.B. seit 2011 einen Steuerticket-Automaten und in Köln wurde 2004 eine kommunale »Sexsteuer« auf Prostitution eingeführt.

Es handelt sich bei der Prostitution um ein Milliardengeschäft. Nach Paulus, ehemaliger Kriminalhauptkommissar und Sporer, Kriminaloberrat a.D. beides langjährige kriminalpolizeiliche Experten in diesem Bereich, sind die organisierte Kriminalität und Prostitution i.d.R. nicht zu trennen.[154/155] Der Umsatz bzw. Verdienst pro Freier und Stunde ist sehr unterschiedlich. Eine sexuelle Dienstleistung kostet im Durchschnitt je nach Örtlichkeit zwischen 5 und 40€. Die Betreiber von Prostitutionsstätten verlangen i.d.R. sehr hohe Zimmermieten. Diese beträgt im Bordell 100€ bis 180€/Tag, d.h. eine Zimmermiete pro Monat von 3.100€ bis 5.580€ sind üblich. Hinzu kommen Kosten für Sicherheit, Wäsche, Kondome, Essen, Tipp. Dann noch Kosten für eine private Wohnung (oder Pseudo-Adresse), für den Zuhälter, die Kinder, die Familie in der Heimat, Sozialversicherung, Krankenversicherung (soweit vorhanden), den Arzt, Kosmetik, Kleidung etc.

Im Pascha in Köln z.B.: kostet ein Zimmer z.B. 200 Euro pro Tag (inkl. Steuern, Reinigung usw.), bei ca. 50€ pro Freier, muss die Frau 4 Freier pro Tag nur für Zimmermiete bedienen. Man kann sich leicht ausrechnen wie viele Freier sie noch für die sonstigen Kosten bedienen muss.[156]

Ein weiteres Bsp. aus Frankfurt ist ähnlich. Hier beträgt die Zimmermiete 140€/pro Tag (inkl. Steuer, usw.) d.h. 4.340€/Monat.[157]

Neben der Zimmermiete verlangen die Bordellbetreiber auch noch

---

154 Paulus, Manfred: Menschenhandel und Sex-Sklaverei, Promedia Druck und Verlagsgesellschaft, Wien, 2020
155 Sporer, Helmut Der neue deutsche Weg Für eine Neuordnung der Prostitutionsgesetzgebung, München, Hans Seidel Stiftung 2022
156 https://www.fondationscelles.org/pdf/RM4/1_Book_Prostitution_Exploitation_Persecution_Repression
157 https://merkurist.de/frankfurt/bordellfuehrung-zimmer-auf-sex-etagen-ein-einblick_5Uc)_Fondation_Scelles_ENG.pdf

Eintritt von den Freiern. Im Artemis in Berlin z.B. beträgt der Eintritt 80€.[158/159]

7.7. Hintergründe und Folgen von Prostitution

Prostituierte weisen oft einen Hintergrund von Missbrauch/Inzest, Vergewaltigung und/oder Vernachlässigung auf. Viele haben körperliche und/oder emotionale Gewalt erlebt. Nach Frau Schreiber gaben 70% der befragten Frauen an, dass sexueller Missbrauch ihre Entscheidung zur Prostitution beeinflusst habe.[160] In einer Studie des BMFSFJ 2004, stellt man fest, dass in der Prostitution 92% sexuelle Belästigung, 87% körperliche Gewalt, 82% psychische Gewalt, 59% sexuelle Gewalt erlebt haben. 78% der Frauen haben Angst vor Freiern, 46% wurden in der Prostitution vergewaltigt und 43% wurden als Kind sexuell missbraucht. Die Mordrate ist in der Prostitution sehr hoch. In Deutschland gibt es von 1999 bis 2004 114 dokumentierte Fälle und ebenso viele Mordversuche.[161] Das durchschnittliche Sterbealter liegt bei Frauen in der freiwilligen Prostitution bei 39 Jahren, es ist somit 12 x so hoch wie in der Durchschnittsbevölkerung. Es gibt seit 1950 382 Morde an Prostituierten.[162]

---

158 Artemis: Website

159 https://www.bundesrechnungshof.de/de/veroeffentlichungen/produkte/ beratungsberichte/langfassungen/lan gfassungen- 2014/2014-bericht-besteuerung-der-prostitution/at.download/file, abgerufen 6/2024

160 Schreiber, Viola: Vortrag auf der Tagung von TERRE DES FEMMES zum Thema Prostitution in Frankfurt 2010, 2008

161 BMFSFJ: Lebenssituation, Sicherheit und Gesundheit von Frauen in Deutschland; 2004, S. 542ff https://bmfsfj.deblob/84328/0c83aab6e685eeddc 01712109bcb02b0/langfassung-studie-frauen-teil-eins- data.pdf

162 Schon, Manuela: Sex Industry Kills: Ein Dokumentationsprojekt über Morde in der legalen deutschen Sexindustrie, in: Ausverkauft! Prostitution im Spiegel von Wissenschaft und Politik, 2021, S. 346ff

In einer Studie die rechtliche und rechtsethische Untersuchung der Prostitution betreffend, kommen Mack und Rommelfanger zu dem Ergebnis, dass der Gesetzgeber fälschlicherweise immer noch von Freiwilligkeit in der Prostitution ausgehe, in Unkenntnis der medizinischen und psychiatrischen Faktenlage. Alle Expertenaussagen gehen davon aus, dass es sich bei Prostitution durch die »Fremdbestimmung um Würdeverletzung, Entwürdigung, Menschenrechtsverletzung, Gewalt und Erniedrigung von Menschen handelt, die durch Dritte gezielt verursacht wird«. Sie kommen nach einer verfassungsrechtlichen Prüfung der in Deutschland geltenden Prostitutionsgesetzgebung zu dem Fazit, dass eine Verletzung der Art. 1 und 2 Grundgesetz vorliegt und die autonome und sexuelle Selbstbestimmung vor und während des sexuellen Aktes nicht gegeben ist, d.h. von einer Freiwilligkeit in der Prostitution kann nicht ausgegangen werden. Dadurch verstößt die derzeitige gesetzliche Regelung nicht nur gegen internationale Abkommen, sondern auch gegen unsere Verfassung. Sie empfehlen die Einführung des Nordischen Modells als sinnvolle Regulierung der Prostitution.[163]

7.7.1. Körperliche Folgen der Prostitution

Die gesundheitlichen Folgen der Prostitution sind gravierend. Die Frauen werden durch ihre Tätigkeit physisch und psychisch schwer geschädigt. Auch die sogenannte »freiwillige Sexarbeit« ist zu einem hohen Prozentsatz ohne eine Vorschädigung, z.B. durch Missbrauch und/oder sonstige Gewalterfahrungen in der Kindheit nicht möglich.

Kaum jemand macht sich klar, wie sehr die Körper der betroffenen Frauen geplagt und gequält werden; sexuell übertragbare Infektionen (Unterleibsentzündungen, HPV, Gonorrhö, Syphilis), akute Verlet-

---

163 Mack, Elke, Ulrich Rommelfanger: Sexkauf Eine rechtliche und rechtsethische Untersuchung der Prostitution, Baden-Baden, Nomos Verlagsgesellschaft, 2023

zungen (extrem schmerzhafte Überdehnungen und Risse in der Vaginal- oder Analregion) chronische Erkrankungen (Unfruchtbarkeit, Inkontinenz, chronische Schmerzzustände) sollen hier nur als Beispiele für die unvorstellbaren körperlichen Schäden erwähnt werden, die die Prostitution verursacht.[164]

7.7.2. Psychische Folgen der Prostitution

Besonders gravierend sind auch die psychischen Folgen und Erkrankungen, wie Angst- und Panikstörungen, Depressionen, Suchterkrankungen und Schmerzsyndrome im Zusammenhang mit einer komplexen Posttraumaischen Belastungsstörung. Hinzu kommen Suizidalität und die schweren dissoziativen Störungen. Aus psychotraumatologischer Sicht ist die wiederholte Penetration eines Körpers ohne wirklichen Konsens in der Regel nur mit körperlichen und psychischen Folgen möglich.[165] Sexualität wird dann unweigerlich mit Ekel-Abscheu- Angst und Panikgefühlen erlebt. Um diese Gefühle und die damit einhergehenden seelischen und körperlichen Schmerzen nicht erleben zu müssen, dissoziieren die Frauen. Dissoziation ist ein Notfallmechanismus, ein Abschalten von Gefühlen und Schmerzen, der dann einsetzt, wenn die betroffene Person von unaushaltbaren Gefühlen überschwemmt wird. Viele haben schon als Kind »gelernt«, z.B. aufgrund von Missbrauchserfahrungen, sich »abzuschalten«. Es ist ein Abwehrmechanismus der den Frauen gestattet z.B. gegenüber Freiern keine Gefühle zu zeigen, sondern mit aufgesetzter Freundlichkeit, alle seine Wünsche für ein entsprechendes Entgelt zu er-

---

164 Bissinger, Liane: Körperliche Schäden der Prostitution – Bericht einer Frauenärztin aus der offenen Arbeit. Abolition 2014, http://abolition2014. blogspot.com/2019/11/körperliche-schaden-der-prostitution.html

165 Huber, Michaela: Trauma und Prostitution aus traumatherapeutischer Sicht, 2015, https://www.michaelahuber.com/files/vortraege2014/trauma-und-prostitution-aus traumatherapeutischer- sicht.pdf

füllen. Letztendlich befinden sich die Frauen in einem Teufelskreis, dem sie nur sehr schwer entkommen können.[166/167] Emilia eine Prostituierte sagt: »Ich weiß wie sich eine Vergewaltigung anfühlt und ich weiß wie es sich anfühlt sich zu prostituieren. Nämlich gleich.«[168]

Durch die Corona-Krise wurde die schon zuvor prekäre Lage der Frauen vielfach verschärft. Sie wurden entweder obdachlos oder häuften einen enormen Miet-Schuldenberg an, da sie vielfach in den Bordellen wohnten ohne jegliche Einnahmen oder trotz Verbot z.B. in Hotels oder Wohnungen der Prostitution nachgingen.

7.8. Die Alternative – das Nordische Modell

Aufgrund der beschriebenen Tatsachen kommt klar zutage, dass Prostitution kein »Beruf wie jeder andere« ist, sondern als Gewalt an Frauen einzuordnen ist. Die Einführung des Nordischen Modells nach schwedischem Ansatz, ist eine Alternative.

7.8.1. Die Säulen des Nordischen Modell

Das Nordische Modell, auch als Gleichstellungsmodell bezeichnet, beinhaltet einen Perspektivwechsel hin zu den Sexkäufern und ProfiteurInnen des Geschäfts mit der Ware Frau und ein Sexkaufverbot für Freier bzw. die Sexkäufer. Prostitution ist nicht verboten. Frauen in

---

166 Kreuzer, Margot D.: Psychische Folgen der Prostitution, unveröffentlichter Vortrag der AG-Gesundheit, Bundesverband Nordisches Modell, 2023

167 Kreuzer, Margot D.: Überlebensstrategie Prostitution, Online-Vortrag, gehalten am 18.05.2022, im Rahmen der Vortragsreihe: Psychoanalyse auf der Roten Couch, aus Anlass des Int. Frauentages am 08.03.2023, sowie im Rahmen der Frankfurter Psychoanalytischen Freitagsrunde am 08.12.2023

168 Sommercamp 2023, NetzwerkFrauenRechte, Emilia, eine Betroffene, Anfang 2024

der Prostitution sollen entkriminalisiert und entstigmatisiert werden. Neben kostenloser Gesundheitsbehandlung, insbesondere auch psychotherapeutischer Behandlung, wird den Frauen Ausstiegshilfen in Form von kostenloser Hilfe und Unterstützung angeboten. z.B. bei der Wohnungssuche und in Form von Umschulung und/oder Aus- und Fortbildung. Sexkauf, Zuhälterei und Bordellbetriebe sind verboten. Insbesondere Aufklärung der Bevölkerung und antisexistische Erziehung, schon im Kindergarten, sind Inhalte des Nordischen Modells.

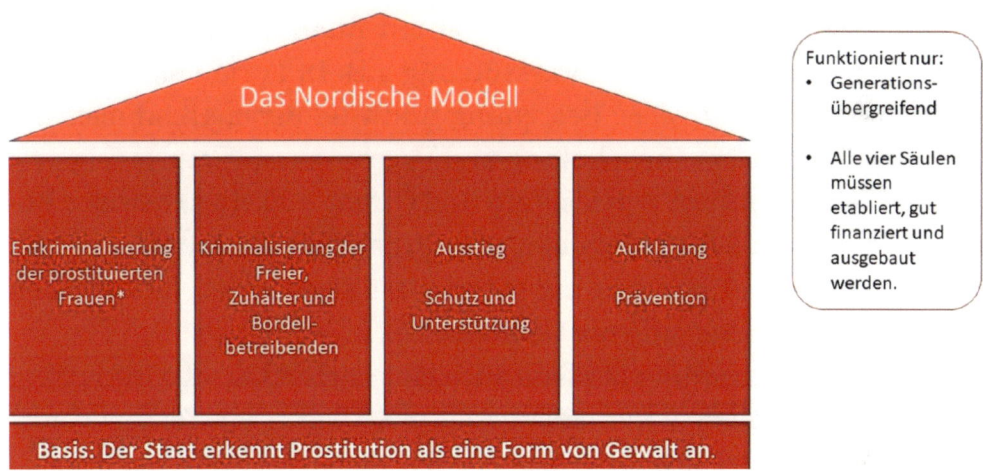

Abbildung 50: Die Säulen des Nordischen Modell. Quelle: EU-Resolution 2014

Die 1. Säule beinhaltet Entkriminalisierung, Schutz und Unterstützung aller sich prostituierenden Frauen und Mädchen und sonstiger sich prostituierender Menschen. Prostitution bzw. das Anbieten sexueller Dienstleistungen ist nicht verboten.

Die 2. Säule beinhaltet eine generelle Strafverfolgung der Freier bzw. Sexkäufer, Zuhälter und Bordellbetreiber. Es besteht ein Verbot jeglicher Profite Dritter aus der Prostitution. Bordelle und die Vermietung von Arbeits- und Wohnräumen an Prostituierte sowie die Vermittlung sexueller Dienstleistungen etc. ist untersagt. Die Zerschlagung aller Strukturen der organisierten Kriminalität die zu Zwangsprostitution und Menschenhandel zum Zwecke der sexuellen Ausbeutung führen, ist das Ziel.

Durch §232a Abs. 6 StGB machen sich Freier bereits jetzt strafbar, wenn sie die Dienste einer Zwangsprostituierten in Anspruch nehmen. Hier gibt es eine Grauzone, da die Unterscheidung zwischen Zwang und »Freiwilligkeit« oft unklar bzw. nicht ersichtlich ist.

Die Säule 3. umfasst für Prostituierte das Angebot aus der Prostitution auszusteigen. Der Ausstieg soll mit finanzieller, sozialer und psychologischer Hilfe und Unterstützung z.B. in Form von medizinischer und psychologischer Betreuung und Bildungsmaßnahmen wie z.B. Ausbildung bzw. Umschulung und Psychotherapie etc. erfolgen

Die 4. Säule umfasst Aufklärung und Öffentlichkeitsarbeit der Bevölkerung. Aufklärung darüber, was Prostitution wirklich ist und unter welchen prekären Bedingungen diese stattfindet, mit welchen Folgen für die Frauen und die Gesellschaft.

Diese Säule beinhaltet vor allem auch eine antisexistische Erziehung und Prävention mit dem Ziel einer gesellschaftlichen Einstellungsänderung und einem gesellschaftlichen Umdenken, gegenüber Prostitution generell.

Die Elemente des Nordischen Modells sind generationsübergreifend konzipiert. Ziel ist, dass schon Kinder lernen, dass es verboten ist einen Menschen zur sexuellen Benutzung bzw. eine sexuelle Dienstleistung zu kaufen. Alle Säulen sollten ineinandergreifen, denn nur so kann sich dessen Wirksamkeit positiv entfalten.

7.8.2. Länderübersicht

Das Nordische Modell, auch Gleichstellungsmodell genannt, wurde in Schweden 1999, nach langer Debatte im Zuge eines Gesetzespakets zum Thema Gewalt gegen Frauen, eingeführt. Es geht um eine Kombination strafrechtlicher und sozialpolitischer Maßnahmen, Diesem Beispiel folgten alsbald andere Länder. Hier eine Übersicht:

- Schweden (1999)
- Norwegen (2009)
- Island (2009)
- Kanada (2014)
- Nordirland (2015)
- Frankreich (2016)
- Irland (2017)
- Israel (2018)

7.8.3. Ergebnisse

Die Wirkung des Sexkaufverbots wurde in Schweden 2008 evaluiert. Es wurde ein Wandel der öffentlichen Meinung festgestellt. 2008 sprachen sich 79% der befragten Frauen für die Kriminalisierung der Inanspruchnahme von sexuellen Dienstleistungen aus und 60% der Männer. Auch in den anderen Ländern ist das Angebot an Prostitution insgesamt zurück gegangen. In Frankreich gab es zunächst Anlaufschwierigkeiten, vor allem wegen mangelnder Sensibilisierung der entsprechenden Behörden. Zwischen 2016 und 2020 wurden 5000 Sexkäufer gerichtlich bestraft. Eine von CAP-International veröffentliche Befragung ergab eine Zustimmung zum Gesetz der Bevölkerung von 78%.[169] Auf Initiative der britischen Europa-

---

169 https://de.wikipedia.org/wiki/Nordisches_Modell_f%C3%BCr_Prostitution, zuletzt abgerufen 18.06.2024

Abgeordneten Mary Honeyball sprach das EU-Parlament am 26. Februar 2014 eine »nicht bindende Entschließung« aus: Alle Mitgliedsstaaten der EU sollen in Zukunft die Prostitution in ihren Ländern verbieten, bei Zuwiderhandlungen sollen die Freier bestraft werden, nicht die Sexarbeiterinnen selbst. Die nicht bindende Resolution wurde mit 343 Stimmen angenommen, 139 Abgeordnete stimmten dagegen, 105 enthielten sich.[170] Das Europaparlament hat im September 2023 dem Initiativbericht der Europaabgeordneten Maria Noichl zugestimmt und sich mit Mehrheit für die Einführung des Nordischen Modells in Europa ausgesprochen.

Prostituierte sollen demnach besser geschützt werden und Zugang zu Ausstiegsprogrammen bekommen. Weil Prostitution grenzübergreifend funktioniere und einheitliche Regelungen in den 27 Mitgliedstaaten fehlten, scheiterten bislang Maßnahmen zum Schutz von Frauen und Mädchen vor Ausbeutung, heißt es in der verabschiedeten Resolution. Stattdessen führe die Rechtslage zu mehr Opfern von Menschenhändlern und bilde einen Boden für Organisierte Kriminalität. Prostituierte würden marginalisiert und kriminalisiert, heißt es in dem Bericht. Sie hätten deshalb häufig keinen Zugang zum Gesundheits- und Sozialversicherungssystem und zum Rechtssystem.[171]

In Deutschland gibt es inzwischen viele Stimmen, die sich für die Einführung des Nordischen Modells aussprechen. Schon seit Jahren setzt sich die Frauenorganisation TERRE des FEMMES für die Einführung des Nordischen Modell in Deutschland ein und sieht in Prostitution eine Form von Gewalt gegen Frauen.[172] Und im 2020 gegründeten

---

170 https://de.wikipedia.org/wiki/Nordisches_Modell_f%C3%BCr_Prostitution, abgerufen 31.08.23

171 https://www.tagesschau.de: 14.09.2023, EU-Parlament fordert einheitliches Vorgehen gegen Prostitution

172 Terre des Femmes, ww.frauenrechte.de: Positionspapier zu Prostitution, 2023

Bündnis Nordisches Modell wurden die Kräfte gebündelt um dieses Ziel der Einführung des Nordischen Modells in Deutschland alsbald zu erreichen.[173] Schon lange setzt sich die baden-würtembergische SPD Bundestagsabgeordnete Leni Breymaier, und ebenso Elisabeth Winkelmeier-Becker von der CDU für die Einführung des Nordischen Modells in Deutschland ein. In einem Spiegel Artikel mit dem Titel: »Wir werden uns schämen«, werden die deutschen, unhaltbaren Zustände und deren Hintergründe angeprangert.[174] Auf Initiative der CDU Politikerin Bär, wurde eine neue Debatte angeregt. Die Unionsfraktion forderte in einem am 06.11.23 beschlossenen Positionspapier, als erste Bundestagsfraktion, eine grundlegende Wende in der Prostitutionspolitik und die Einführung des Nordischen Modells.[175] Und bei einer Fragestunde im Bundestag am 15.11.23 hat Bundeskanzler Scholz »Sexkauf« als »nicht akzeptabel« bezeichnet.[176]

173 https://www.bundesverband-nordischesmodell.de

174 Der Spiegel Nr.26/ 24.06.2023: »Wir werden uns schämen«, S.44f

175 https://www.welt.de: 07.11.2023, Unionsfraktion im Bundestag fordert Sexkaufverbot

176 https://www.zdf.de:15.11.2023 und Luis, Chantal: in EMMA, Januar/Februar 2024, Scholz: »Ich finde es nicht akzeptabel, wenn Männer Frauen kaufen«

Im neuen Jahrtausend gab es einige gravierende Veränderungen. Das umstrittene Selbstbestimmungsgesetz wurde im 4/2024 verabschiedet. Der Pornografiekonsum steigt, man spricht heute von einer Pornografisierung des Alltags. Jugendliche schauen schon sehr früh Porno. Perversionen, Amateurpornografie, Sexting und Cybermobbing gehören heute zum Alltag. Der Begriff MILF steht für junge Mütter, die Heilige und Hure zugleich sind.

Das Hashtag #aufschrei führte zur #MeToo Bewegung, die die ganze Welt erfasste, aber inzwischen kommt es wieder zu einem Backlash.

Seit Jahrzehnten gibt es einen unspektakulär verlaufenden Wandel der Sexualität und Sexualmoral. Hierzu gehört die Entkoppelung von Sexualität und Fortpflanzung, durch die Zeugung im Reagenzglas. Mit Hilfe von Reproduktionskliniken ist das Kind nach Katalog möglich geworden.

Datingplattformen, sind heute normal und auf den verschiedensten Ebenen etabliert. Die Dampfkesseltheorie, der Triebentladung ist inzwischen überholt. Sexualität gilt heute als Ressource, man praktiziert die Verhandlungsmoral. Die Vermarktung von Sexualität ist ubiquitär. Wir leben in einer übersexualisierten Welt mit vielen Beziehungs- und Lebensformen. Das Puppenbordell in Berlin, ist eine Form hiervon.

Der Begriff »Sexarbeit« gewinnt an Bedeutung. Prostitution soll als ein Beruf wie jeder andere, angesehen werden. Der Begriff stammt von der Lobbyorganisation. Davon gibt es Deutschland einige. Beratungsstellen machen eher Ein- als Ausstiegsberatung.

2002 trat das Prostituiertengesetz (ProstG) in Kraft. Dadurch entstanden in vielen Städten Großbordelle, die Freier aus der ganzen Welt anlockten. Deutschland wurde hierdurch zum »Bordell Europas«. 2017 wurde nachgebessert und das Prostituiertenschutzgesetz (ProstSchG) erlassen. Das Ziel des Gesetzes wurde bisher nicht erreicht, weil ca. 95% der Frauen in der Prostitution Ausländerinnen und nicht angemeldet sind.

Corona war für viele Frauen in der Prostitution ein Fiasko, weil sie quasi über Nacht mittellos auf der Straße standen. Viele gingen deshalb trotz des Kontaktverbots der Prostitution nach. Profiteure der Prostitution sind nicht nur die Freier, sondern die gesamte Sexindustrie und auch der Staat.

Missbrauch in der Kindheit, bestimmt oft die Entscheidung sich zu prostituieren. Es geht dabei um Taumawiederholung, denn freiwillige Prostitution ist ein Mythos. Dies beweist auch ein Rechtsgutachten von Mack und Rommelfanger.

Aus traumatherapeutischer Sicht ist Prostitution eine Form der Selbstverletzung, eine Überlebensstrategie.

Eine Alternative ist das Nordische oder Gleichstellungsmodell. Hierbei geht es um einen Perspektivwechsel. Das Modell ist bereits in vielen Ländern erfolgreich etabliert.

8. Fazit – Zusammenfassung

Mit einer Zeitreise der besonderen Art werden Veränderungen der weiblichen Sexualität focussiert aufgezeigt und mit den jeweiligen Entwicklungen im Bereich der Prostitution in einen Zusammenhang gestellt. Die Erkenntnisse, mit den gesamtgesellschaftlichen Hintergrundinformationen, insbesondere die Frauenfrage betreffend, lassen sich den jeweiligen Jahrzehnten gut zuordnen.

Das vermeintlich ungebundene Sexualverhalten der Nachkriegszeit und der in diesem Zusammenhang entstandene nahtlose Übergang zur Überlebens- und Besatzungsprostitution ist einerseits auf dem Boden der Nachkriegswirren und andererseits durch den kriegsbedingten Männermangel und dem dadurch bedingten »Frauenüberschuss« zu verstehen. Aber, schon in den 50 Jahren war das sexualideologische Klima alsbald geprägt von strengen Normen und Verhaltensregeln. Die Erwerbsarbeit der 10 Millionen Frauen und ihre ungeheure Sparsamkeit trug mit zum Aufschwung und den »goldenen Fünfzigern« bei. Doch schon Ende der Fünfziger gab es Widerstand gegen die strengen Normen und erste Emanzipationsbestrebungen. Im Bereich der Prostitution florierte das Geschäft vorzüglich, so dass neue Formen der Prostitution entstanden, wie z.B. die Auto- und die Call-Girls Prostitution. In den 60er Jahren konnten sich die Menschen wieder etwas leisten, so dass es mehrere Konsumwellen gab. Die anfangs noch prüden Jahre waren alsbald vonzunehmenden Protesten geprägt. Den Twistkrawallen folgte die Hippiebewegung, die Sexwelle, die Studenten- und die neue Frauenbewegung etc.. Die anscheinend wieder brüchiger gewordene Sexualmoral zeigte sich vor allem in Form von Nacktbildern in den Medien. Die Pille, der in Mode gekommene Mini, die Aufklärungsbücher und Filme von Oswald Kolle und die Studentenbewegung sowie das Entstehen von Wohngemeinschaften, bewirkten allmählich einen Bewusstseinswandel. Vor allem auch die Kinderladenbewegung und die von ihr propagierte antiautoritäre Erziehung trugen hierzu bei. Es wurde viel mit Hilfe von Prostituierten ausprobiert, so dass ihnen eine Schrittmacherfunktion zukam. Ein wirklicher Einstellungswandel erfolgte aber erst in 70er Jahren. Dies mit Hilfe von Aufklärungsbüchern- und filmen und vor allem mit Hilfe der neuen Frauenbewegung. Durch sie kam es zu einem anderen Blickwinkel, auch auf die problematischen Themen, wie z.B. Empfängnisverhütung, Abtreibung und Gewalt gegen Frauen. Hierzu bei trugen auch neue Forschungsergebnisse auf dem Gebiet der Sexualität. Prostitution avancierte zu einem allgemeinen Konsumgut für Jedermann und gehobene Ansprüche jedweder Art. Bordellimperien expandierten länderübergreifend und es entstand ein Überangebot. Aggressive Werbung, Reizverstärkung durch Exotinnen und mehr Service fürs gleiche Geld, belebten das Geschäft. Es führte auch zu neuen Formen in der Sexindustrie, wie z.B. den Peep Show und dem Telefon-Sex.

Zu einem großen Einschnitt kam es gesellschaftlich und auch im Bereich der Prostitution in den 80er Jahren durch die neue Seuche AIDS. Aufgrund der AIDS-Angst stagnierte das Geschäft, denn Prostitution galt als das Einfallstor in die Bevölkerung. Dies wiederum führte zu einer Verschärfung der Konkurrenz und zu einem Preisverfall. Insbesondere drogenabhängige Prostituierte wurden per Medien an den Pranger gestellt und entwickelten hier und dort eine Desperadomentalität. Aufgrund der zunehmenden Stigmatisierung entstanden Selbsthilfevereine zur Verbesserung der Kommunikation zwischen Prostituierten und Nichtprostituierten und in mehreren Städten. Diese machten sich auch die AIDS-Aufklärung zur Aufgabe.

In den 90er Jahren kam es zu globalen Umwälzungen und zu einem Umbruch der Beziehungskulturen. Die Liberalisierung im Bereich der

Sexualität hatte eine Übersexualisierung und Normalisierung von Perversionen zur Folge. Durch den angestiegenen Pornokonsum entstanden neue Zwänge. Durch den Mauerfall und die Grenzöffnungen kam es im Bereich der Prostitution in den 90er Jahren zu einem Ansturm von Frauen aus Osteuropa. Viele kamen durch Menschenhändler angelockt und mit falschen Versprechungen getäuscht hierher und landeten unter Zwang in der Prostitution. Es entstand so eine neue Form der Armutsprostitution, mit erneutem Konkurrenzdruck und Preisverfall.

Das neue Jahrtausend und seine Umwälzungen hatte wiederum einige Veränderungen zur Folge. Aufgrund der zunehmenden Freiheit und Gleichheit der Geschlechter und dem damit einhergehenden Wandel von Beziehungen und Sexualität stellen Sexualforscher fest, dass die neosexuelle Ordnung in der wir leben als das Zeitalter der Postsexualität bezeichnet werden kann. »Als grundlegend für die aktuelle sexuelle Ordnung muss die endgültig werdende Entkoppelung von Sexualität und Fortpflanzung gelten.« Die Gen- Reproduktionstechnologie ermöglicht inzwischen Fortpflanzung ohne Körper und sexuelle Lust, rein technologisch. Dadurch eskaliert der Zwiespalt zwischen sexueller Frau (der Hure) und fertiler (Gebär-) Mutter (der Heiligen). Einerseits wird die Mutter ersetzt, durch Technologie und Leihmütter, andererseits mangelt es aber auch an Vätern. Das heterosexuelle Ehe- und Elternpaar, das bisher als Stütze unserer Gesellschaft galt, wird durch neue Lebens- und Beziehungsformen, durch »Neosexualitäten« ersetzt. Deshalb kann man konstatieren, dass wir »uns in gewisser Weise auf dem Weg in eine elternlose, post-ödipale Gesellschaft« befinden, in der es eine asexuelle, trieblose, unbefleckte Empfängnis gibt.[177] In dieser wer-

---

177 Die unbefleckte Mutter Gottes, läßt grüßen. Sie wurde ohne sexuelle Lust und Empfängnis schwanger und brachte, Jesus, Gottes Sohn zur Welt. Leider gab es die unbefleckte Empfängnis damals noch nicht.

den (fast) keine Briefe mehr verschickt und sexuelles Begehren unterliegt einer Transformation.[178] Es ergibt sich somit die Frage, ob und wie Begehren und Leidenschaft gelebt wird? Mit toten Objekten (z.B. Sexpuppen), in öffentlichen Inzenierungen, in heimlichen Porno- und Internetsex-Süchtigkeiten, in nonsexuellen Thrills oder in perversen, sexualisierten Gewaltformen.

Um Prostitution als Beruf wie jeder andere zu etablieren, wird von der amerikanischen Organisation Coyote der Begriff »Sexarbeit« eingeführt. Dieser Begriff soll suggerieren, dass es sich bei der Prostitution um eine Dienstleistung, eine Arbeit wie jede andere auch handelt. Der Begriff wird von vielen, aber vor allem von ehemaligen Prostituierten als Zuhältersprache abgelehnt, zum einen, weil es sich nicht um eine normale Arbeit handelt und zum anderen, weil dieser Begriff alle in der Prostitution Tätigen, wie z.B. auch Zuhälter und Bordellbetreiber etc., umfasst. Schlagkräftige Lobbyvereine werden Anfang der 2000er Jahre gegründet. Viele, auch seriöse Organisationen unterscheiden nur zwischen Sexarbeit und Zwangsprostitution obwohl die Grenzen fließend sind. Einige Beratungsstellen machen u.a. auch Einstiegberatung wie z.B. Hydra in Berlin und werden vom Staat finanziell gefördert.

Durch das 2002 geschaffene Prostitutionsgesetz (ProstG) wurde u.a. die Sittenwidrigkeit aufgehoben und Förderung der Prostitution war nicht mehr strafbar. Dieses Gesetz hatte zur Folge, dass viele neue Großbordelle, die sich z.B. Wellnessoase nannten, entstanden und Deutschland durch die hierdurch entstandene Liberalisierung zum Magneten

---

178 Hegener, Wolfgang Die Ambivalenz des Ursprungs, in: Irene Berkel (Hg.) Postsexualität, Bd. 92 Beiträge zur Sexualforschung, Psychosozial-Verlag, 2009, S. 129 f

für Freier auf der ganzen Welt und zum »Bordell Europa« wurde. 2017 wurde nachgebessert, u.a. mit Anmeldepflicht und Gesundheitsberatung, allerdings ohne großen Erfolg.

Die Corona-Pandemie hatte letztendlich einschneidende Folgen, weil viele Frauen vor dem Nichts standen und entweder Schulden anhäuften, durch das Wohnen in den Bordellen oder verbotener Weise heimlich der Prostitution nachgingen.

Profiteure der Prostitution sind nicht nur Freier/Sexkäufer, sondern alle die in das Geschäft involviert sind, wie z.B. Bordellbetreiber, Zuhälter, Wohnungsvermieter etc.

Betrachtet man die Hintergründe der Prostitution kommt man zu dem Ergebnis, dass diese Tätigkeit massive körperliche und psychische zerstörerische Folgen hat. Dies führte 1999 in Schweden zu einem Gesetzespaket, das heute Nordisches Modell genannt wird, weil es bereits in 9, vorwiegend nordischen Ländern, eingeführt wurde. Es geht um einen Paradigmenwechsel. Nach dem Nordischen Modell machen sich die Sexkäufer und sämtliche Profiteure der Prostitution strafbar. Die Bevölkerung soll aufgeklärt und antisexistische Erziehung soll eingeführt werden. Frauen in der Prostitution sollen Ausstieghilfen angeboten werden. Prostitution ist nicht verboten.

Inzwischen leben wir in einer anderen Welt, die wesentlich liberaler in sexuellen Belangen geworden ist. Die Tatsache, dass sich Männer Frauen kaufen bzw. deren sexuelle Dienstleistungen, ist heute obsolet geworden.

Heilige und Hure sind letztendlich Abbilder von Geschlechterrollen und -bildern in unserer Gesellschaft und unseren Köpfen, die einem stetigen kulturellen Wandel unterliegen.

Letztendlich sind nach wie vor patriarchalische Strukturen wirksam. Diese beinhalten eine Geschlechts- und Machtungleichheit. Hinzu kommt Diskriminierung und Sexismus.

Die neue sexuelle Revolution wird deshalb auch als Tatort von Unfreiheit, Ungleichheit der Geschlechter, Gewalt, Missbrauch und tödlicher Infektion beschrieben.[179]

Letztendlich komme ich zu dem Fazit:
Das System Prostitution stellt eine Menschenrechtsverletzung dar und verhindert die Gleichstellung der Geschlechter.

---

179 Hegener, S. 131

Literaturverzeichnis

www.ärztezeitung.de, 12.07.2010

AIDS-Geld, Lobbyarbeit und Hurenprojekte: http://abolition 2014.blogspot.de/2015/07/aids-geld-lobbyarbeit-und- hurenprojekte 30.html, 30.07.2015

Alisch, R.: From »Love to »Cyber«, in: Sexuologie, Bd. 26, 2019

Anfang Achtundvierzig Rückblick auf die erste Frankfurter Messe nach dem Krieg und das Jahr 1948, Ausstellung n der Kongreßhalle aus Anlaß der 75. Internationalen Frankfurter Messe vom 24.08.-1.9.1985, Hrsg. Messe Frankfurt GmbH, 1985

Artemis: Website

Baader, Meike Sophia, Christian Jansen, Julia König, Christian Sager (Hg.): Tabubruch und Entgrenzung, Kindheit und Sexualität nach 1968, Beiträge zur Historischen Bildungsforschung, Bd. 49, Köln, Böhlau Verlag, 2017

Barry, Kathleen: Sexuelle Versklavung von Frauen, Berlin, Sub-rosa Frauenverlag,1983, S. 87

Beauvoir, Simone: Das andere Geschlecht Sitte und Sexus der Frau, Reinbek bei Hamburg,Rowohlt Verlag, 1974

Benz, Anton: Gewaltbereitschaft junger Männer: Männlichkeit in Gefahr, spektrum.de, 20.02.2023

https://www.berliner-kurier.de, 18.11.20

Biermann Pieke: »Wir sind Frauen wie andere auch!«, 1980/2014

Bordell Deutschland, Deutsche Erstausstrahlung: 18.11.2017 (ZDFinfo)

BMFSFJ (Hg.): Bericht der Bundesregierung zu den Auswirkungen des Gesetzes zur Regelung der Rechtsverhältnisse der Prostituierten (Prostitutionsgesetz -ProstG), Stand 2007

BMFSFJ (Hg.): Lebenssituation, Sicherheit und Gesundheit von Frauen in Deutschland, 2007, http://www.bmfsfj.deRedaktionBMFSFJ/Abteilung4/Pdf-Anlagen/kurzfassung-gewalt-

BMFSFJ: Lebenssituation, Sicherheit und Gesundheit von Frauen in Deutschland; 2004, S. 542f, https://bmfsfj.deblob/84328/0c83aa b6e685eeddc01712109bcb02b0/langfassung-studie-frauen-teil-eins-data.pdf

BMFSFJ (Hg.): Leitfaden zur gesundheitlichen Beratung nach §10 des Prostituiertenschutzgesetzes (ProstSchG), 2020, S. 82

Borkenhagen, Ada Das weibliche Genitale als öffentlicher Ort Weibliche Genitalchirurgie als Normalisierungspraktik, in: Wimmer-Puchinger, Beate, Karin Gutiérrez-Lobos, Anita Riecher-Rössler (Hrsg.) Irrrsinnig weiblich- Psychische Krisen im Frauenleben Hilfestellung für die Praxis, Berlin-Heidelberg, Springer, 2016

Bredow von, Rafaela: Die Neuentdeckung des weiblichen Körpers, in: Der Spiegel 30/2000, Spiegel Serie: Die intime Geographie der Frau

Büttner, Melanie, Alina Schadwinkel, Sven Stockrahm: Ist das normal? Sprechen wie über Sex, wie du ihn willst, Weinheim, Beltz Verlag, 2020

https://www.bundesrechnungshof.de/de/veroeffentlichungen/produkte/beratungsberichte/langfassungen/langfassungen-2014/2014-bericht-besteuerung-der-prostitution/at_download/file

https://www.bundesverband-nordischesmodell.de

CheSchahShit Die sechziger Jahre zwischen Cocktail und Molotow, Berlin, Elefanten Press, 1984

Clemm, Christina: Gegen Frauen Hass, Hanser Verlag, Berlin, 2023

Das Prinzip Kopftuch Muslime in Deutschland, in: Der Spiegel 40/2003

Das waren noch Zeiten – Die 60er Die Sexwelle: http//www.das waren noch zeiten.de/Sexwelle

Delille, Angela, Andrea Crohn: Blick zurück aufs Glück Frauenleben und Familienpolitik in den 50er Jahren, EP 149, Elefanten Press, Berlin 1985

Die 68er. Kurzer Sommer – lange Wirkung: Historisches Museum Frankfurt am Main, Bd. 27, Frankfurt, 2008

der Freitag: »Konjunktur der Männlichkeit«. Die rechte Sexualitäts- panik, 03.12.2023

Der Spiegel Nr. 42, 1985, S.18

Der Spiegel 50/2013

Der Spiegel 20/2016, S.126f.

Der Spiegel 7/2018, S.54-58

Der Spiegel 30/00, S. 74 ff.

Der Spiegel 35/2023, S 103 ff

Der Spiegel 40/2023

Der Spiegel Nr.26/24.06.2023: »Wir werden uns schämen«, S.44ff

Deutsches Ärzteblatt, Jg.114, Heft 15, 14.04.2017

DGfS: Digitaler Donnerstag, Thema: Sexarbeit zwischen Mythen und Realität, mit Harriet Langanke (Journalistin) und Daria Oniér (Do- mina und Sprecherin des Berufsverbandes BesD)

DocCheck: Intimchirurgie: Der neue Vulvawahn, 27.09.17

Eder, Franz X.: Liberalisierung und Kommerzialisierung der Sexuali- tät in der zweiten Hälfte des 20. Jahrhunderts in: Soziale Dimen- sion der Sexualität, (Hg.) Benkel, Thorsten, Fehmi Akalin, Beiträge zur Sexualfoschung Bd. 94, Gießen, Psychosozialverlag, 2010

Endrass, Jérome: Pornografiekonsum und (sexuelle) Aggression Eine forensisch-psychologische Betrachtung, in: Merk, Agatha (Hg.) Cy- bersex Psychoanalytische Perspektiven, Beiträge zur Sexualfor- schung Bd. 97, Psychosozial Verlag, 2014. S.183 f

EMMA: Die Chronik der Frauenbewegung, 2012

EMMA: 11/12, 2018, S.6-7

EMMA 4/2023, S. 28 f

Endrass, Jérome, Astrid Rossegger, Bernd Borschard: Pornographie-konsum und (sexuelle) Aggression Eine forensisch-psychologische Betrachtung, in: Merk, Agatha (Hg.): Cybersex, Bd.97 Beiträge zur Sexualforschung, Gießen, Psychosozial-Verlag, 2014

Engelken, Eva: Trans*innen? Nein danke! Warum wir Frauen einzigartig sind und bleiben, Selbstverlag, 2022

F., Christiane: »Wir Kinder vom Bahnhof Zoo«, 1978

F., Chistiane: Fernsehserie: Wikipedia 2021

Farley, Melissa, Inge Kleine, Kerstin Neuhaus, Yoanna McDowell, Silas Schulz, Saskia Nitschmann: Männer in Deutschland, die für Sex zahlen – und was sie uns über das Scheitern der legalen Prostitution beibringen: ein Bericht über das Sexgewerbe in 6 Ländern aus der Perspektive der gesellschaftlich unsichtbaren Freier, Prostitution Research and Education, Berlin, 08. November 2022

Fehmi, Akalin: Sexualität als autonomer Sozialbereich, in: Benkel, Thorsten, Fehmi, Akalin (Hg.) Soziale Dimension der Sexualität, Gießen, Psychosozial-Verlag, 2010

Flitner, Bettina: Frauen mit Visionen 48 Europäerinnen, mit Texten von Alice Schwarzer. Sonderausgabe, Knesebeck Verlag, 2006

https://www.fondationscelles.org/pdf/RM4/1_Book_Prostitution_Exploitation_Persecution_Repression

Freitag, Tabea: Online-Pornografie-wenn virtuelle Leidenschaft Leiden schafft, Psychotherapie Aktuell 3.2021

Grach, Katja: MILF Mädchenrechnung Wie sich Frauen heute zwischen Fuckability-Zwang und Kinderstress aufreiben, Berlin, Schwarzkopf & Schwarzkopf Verlag, 2018

Grundgesetz für die Bundesrepublik Deutschland Art 3, Abs.2, 08.05.1949, in: https/www.gesetze-im-internet.de/gg/

Guillebaud, Jeane-Claude, Die Tyrannei der Lust Sexualität und Gesellschaft München, Luchterhand, 1999

Hauch, Margret: Paartherapie bei sexuellen Funktionsstörungen und sog. sexueller Lustlosigkeit: Das Hamburger Modell, in: Lindauer Texte, Sexualität zwischen Phantasie und Realität (Hrsg.) Buchheim P., M. Cierpka; Th. Seifert, Berlin Heidelberg, Springer, 1997

Hegener, Wolfgang: Die Ambivalenz des Ursprungs, in: Irene Berkel (Hg.) Postsexualität, Bd. 92, Beiträge zur Sexualforschung, Psychosozial-Verlag, 2009

Herzog, Dagmar: Die Politisierung der Lust Sexualität in der deutschen Geschichte des 20. Jahrhunderts, München, Siedler Verlag, 2005

Herzog, Dagmar: Sexuelle Traumatisierung und traumatisierte Sexualität Die westdeutsche Sexualwissenschaft im Wandel, in: Baader, Sophia Meike, Christian Jansen, Julia, König, Christin Sager (Hg.) Tabubruch und Entgrenzung Kindheit und Sexualität nach 1968, Bd.49, Beiträge zur Historischen Bildungsforschung, Köln, Wien, Böhlau Verlag, 2017

Hite, Shere: Hite Report Das sexuelle Erleben der Frau, 1976, deutsch: München, Goldmann Sachbuch, 1980

Horsthemke, Sina: »Es gibt belastbare Zahlen, die nicht weniger erschreckend sind«, spektum.de, 26.06.2023

Huber, Alisia: Hurenstigma Die politische und gesetzliche Regulierung von Sexarbeit und die Rolle der Sozialen Arbeit, Grin Verlag 2019

HWG – Huren-Wehren-sich-Gemeinsam: Verein zur Förderung der Information und Kommunikation zwischen weiblichen Prostituierten

Intimpiercing: https://Wikipedia.org/wiki/Intimpiercing, 14.06.2024

Informationsblätter zu der Ausstellung »Frauenalltag und Frauenbewegung in Frankfurt 1890 – 1980«, Historisches Museum, Frankfurt, 1981

James, E.L.: Shades of Grey Geheimes Verlangen, München, Goldmann Verlag, 2012

Janssen-Jurreit, Marielouise: Sexismus Über die Abtreibung der Frauenfrage, Hamburg, Fischer Verlag, 1979

Käsch, Sandra: Veränderung der Prostitutionsformen: von 1949 bis heute, in: Prostitution Ein Handbuch, (Hrsg.) HWG e.V., Red.: Christine Drössler, Jasmin Kratz, Marburg, Schüren Verlag, 1994

Kai H., H. Rieck: Wir Kinder vom Bahnhof Zoo in: Christiane F. 1978

Kaiser, Susanne: Backlash die neue Gewalt gegen Frauen, Tropen Verlag, 2023

Kinsey, C. Alfred: Das sexuelle Verhalten des Mannes, dt. Ausgabe, Berlin und Frankfurt am Main, Fischer Verlag, 1964

Koch, Fritz: Verwaltete Lust Stadtverwaltung und Prostitution in Frankfurt am Main 1866-1968, Evelyn Brockhoff (Hg.) Studien zur Frankfurter Geschichte Band 58, Frankfurt am Main und Wiesbaden, Marixverlag, 2010

Kolle, Oswald: Deine Frau das unbekannte Wesen, München Heyne Verlag, 1969

Korte Alexander: Pornografie und psychosexuelle Entwicklung im gesellschaftlichen Kontext Psychoanalytische, kultur- und sexualwissenschaftliche Überlegungen zum anhaltenden Erregungsdiskurs, Bd. 107 Beiträge zur Sexualforschung, Gießen, Psychosozial-Verlag, 2018

Kreuzer, Margot D.: Prostitution Eine sozialgeschichtliche Untersuchung in Frankfurt a.M. Von der Syphilis bis AIDS, Stuttgart, Schwer Verlag, 1988

Kreuzer, Margot D.: Psychische Folgen der Prostitution, unveröffentlichter Vortrag der AG-Gesundheit, Bündnis (jetzt Bundesverband) Nordisches Modell, 2023

Kreuzer, Margot D.: Überlebensstrategie Prostitution, Online-Vortrag, gehalten am 18.05.2022, im Rahmen der Vortragsreihe: Psychoanalyse auf der Roten Couch und im Rahmen der Frankfurter Psychoanalytischen Freitagsrunde am 08.12.2023, sowie aus Anlass des Int. Frauentages am 08.03.2023, www.dr-margot-d-kreuzer.de

Kring, Brunhild: Sexuelle Appetenzstörungen – diagnostische Abklärung und Behandlung, in: Buchheim, P, M. Cierpka, Th. Seifert (Hrsg.) Lindauer Texte Sexualität – zwischen Phantasie und Realität, Buchheim, P, M. Cierpka, Th. Seifert (Hrsg.) Berlin, Heidelberg, 1997

Kuhn, Annette: (Hrg.) Die Chronik der Frauen, Chronik Verlag, Dortmund 1992

Luis, Chantal, in: EMMA Nr. 6, 11/12. 2018, S. 6-7

Mack, Elke, Ulrich Rommelfanger: Sexkauf Eine rechtliche und rechtsethische Untersuchung der Prostitution, Nomos Verlagsgesellschaft, Baden-Baden, 2023

Magistratsakten der Stadt Frankfurt am Main 1951/1952

Majewska, Magda: Befreiung oder Flexibilisierung? Sexualwissenschaft, amerikanische Gegenkultur und die Idee der sexuellen Revolution, in: Sexuologie, Bd. 26, Heft 3-4, 2019

Marcuse, Herbert: Der eindimensionale Mensch: Studien zur Ideologie der fortgeschrittenen Industriegesellschaft, dt. Übersetzung 1967, Klampen Verlag, 2014

Masters W.H., V.E Johnson: Die sexuelle Reaktion, Hamburg, rororo Taschenbuch, 1970

Maya Maga, 2019, in: Künkel, Jenny & Schrader Katrin, Sexarbeit, Feministische Perspektiven, unrast transparent, geschlechterdschungel, Bd. 10, Münster, 2019

Melanowski, Wolfgang: 1945 »Absturz ins Bodenlose« – über Kapitulation und Besatzung: Deutschlandpläne der Sieger, Spiegel Serie, Teil I: Zusammenbruch und Besatzung, in: Der Spiegel Nr. 15, 1985

Melzer, Heike: Scharfstellung Die neue sexuelle Revolution, Stuttgart, Cotta'sche Buchhandlung, 2018

https://merkurist.de/frankfurt/bordellfuehrung-zimmer-auf-sex-etagen-ein-einblick_5Uc)_Fondation_Scelles_ENG.pdf

#Metoo, Wikipedia 2021

Neues Deutschland.de/04.10.2021/Politik

PANORAMA: Prostitution in Corona-Krise: »Die Frauen sind im Dauer-Angstzustand«16.11.20

Pastötter, Jakob: 2008, https://de.wikipedia.org

Paulus, Manfred: Menschenhandel und Sex-Sklaverei, Promedia Druck und Verlagsgesellschaft, Wien, 2020

Remling, Jürgen, Kapitulation vor dem Verbrechen, in: Polizei, Technik, Verkehr, Sonderausgabe zur 49. Internationalen Automobilausstellung Frankfurt am Main, 1981, S. 28

Ross, Annika: in EMMA 4.9.2020

Rowling, J.K.: Frauen werden abgeschafft!, in: EMMA, 2/20

Schmidt-Harzbach Ingrid: Die Lüge von der Stunde Null, in: Courage Nr.6, 1982a

Schmidt-Harzbach, Ingrid: Nun geht mal beiseite, ihr Frauen!, in: Courage Nr.7 1982b

Schmidt Gunter: Das neue DER DIE DAS Über die Modernisierung des Sexuellen, Gießen, Psychosozial-Verlag, 2014

Schon, Manuela: Ausverkauft! Prostitution im Spiegel von Wissenschaft und Politik, Hamburg, Verlag und Druck, tredition, 2021

Schon, Manuela: Raus aus dem Genderkäfig! Der Kampf der Frauenbefreiung im 21. Jahrhundert, Ahrensburg, tredition, 2023

Schorsch, Eberhard: zit. in: Dannecker, Martin: Das Drama der Sexualität, Frankfurt/Main, Athenäum, 1987

Schreiber, Viola: Vortrag auf der Tagung von TERRE DES FEMMES in Frankfurt 2010, 2008

Schwarzer, Alice: Lebenslauf, Köln, Kiepenheuer & Witsch, 2012

Schwarzer, Alice, Chantal Louis (Hrsg.): Trans Sexualität Was ist eine

Frau? Was ist ein Mann? Eine Streitschrift, Köln, Kiepenheuer & Witsch, 2022

Sigusch, Volkmar: NeoSexualitäten Über den kulturellen Wandel von Liebe und Perversion, Frankfurt/New York, Campus Verlag, 2005

Sigusch, Volkmar: Kritische Sexualwissenschaft und die Große Erzählung vom Wandel, in: Sexualität und Spätmoderne, Schmidt G.; Strauß B. (Hrsg.). Bd. 76 Beiträge zur Sexualforschung, Gießen, Psychosozial-Verlag, 2002   https://de.wikipedia.og/wiki/Neosexuelle_Revolution

Sigusch, Volkmar: Notizen eines Sexualforschers Das Sex ABC, Frankfurt am Main, Campus Verlag, 2016

Sommercamp 2023, NetzwerkFrauenRechte, eine Betroffene, Anfang 2024

Sporer, Helmut Der neue deutsche Weg Für eine Neuordnung der Prostitutionsgesetzgebung, München, Hans Seidel Stiftung 2022

Stämpfli, Regula: Die Scham ist vorbei, https://www.emma.de/artikel/politisch-korrekt-die-scham-ist- vorbei-263718

Statistisches Bundesamt: Pressenmitteilungen 2023/09, Anmeldungen nach dem ProstschG

Stokowski, Margarete: Untenrum frei, Reinbek bei Hamburg, Rowohlt, 2020

Süssmut, Rita: Aids Wege aus der Angst, Hamburg, Hoffmann und Campe, 1987

Tagesschau.de, 09.10.2023, Nobelpreis für Claudia Goldin

https://www.tagesschau.de: 14.09.2023

Technik, Verkehr, Sonderausgabe zur 49. Internationalen Automobilausstellung Frankfurt am Main, 1981

tipBerlin: »Cybrothel« Zu Besuch in Berlins erstem Puppenbordell, 22.06.2022

Tibi, Bassam: Syrien und Deutschland, in: Schwarzer, Alice, Der Schock Die Silvesternacht von Köln, Köln, Kiepenheuer & Witsch, 2016

Terre des Femmes: #Sex ist unbezahlbar Für eine Welt ohne Prostitution, 08/2019, S. 18

Terre des Femmes: ww.frauenrechte.de: Positionspapier zu Prostitution, 2023

Ussel, Jos van: Sexualunterdrückung, Geschichte der Sexualfeindschaft Texte zu Sozialgeschichte und Alltagsleben, Gießen, Focus-Verlag 1977

https://www.welt.de: 07.11.2023, Unionsfraktion im Bundestag fordert Sexkaufverbot

https://de.wikipedia.org/wiki/Dolly_(Schaf), 2023

https://de.wikipedia.org/wiki/Nordisches_Modell_f%C3%BCr_ Prostitution, zuletzt abgerufen,18.06.2024

https://de.wikipedia.org/wiki/Nordisches_Modell_f%C3%BCr_ Prostitution, abgerufen, 31.08.2023

Wolf, Naomi: »Der Mythos Schönheit« zit. nach Stockowski, in: Der Spiegel 30/2017

Wosnitzer, Robert, Erica Scharrer, Anna Bridges: Pornografie – Wikipedia: Darstellung von Gewalt und Sexualpraktiken in der Mainstream-Pornografie, 2006, wikipedia.org 08.06.24

ZDF »37 Grad: Wisch und Weg«: Tinder – Abkürzung zum Verlieben? 06.04.21, 22:15

https://www.zdf.de:15.11.2023, Scholz: »Nicht akzeptabel, wenn Männer Frauen kaufen«

Zeit online 7.4.14

Zeit Online, 20.02.23

Verzeichnis Quellen- und Anmerkungen

Einleitung

(1)   Schmidt, Gunter: Abschied vom Trieb, in: Das neue DER DIE DAS Über die Modernisierung des Sexuellen, Gießen, Psychosozial-Verlag, 2014, S. 33

(2)   Aufzeichnung aus Patientenprotokollen der Autorin

(3)   Ich beziehe mich in erster Linie auf die weibliche heterosexuelle Prostitution (Trans-Frauen eingeschlossen)

Kapitel 1 Nachkriegssexualität

(4)   Melanowski, Wolfgang: 1945 »Absturz ins Bodenlose« – über Kapitulation und Besatzung: Deutschlandpläne der Sieger, Spiegel Serie, Teil I: Zusammenbruch und Besatzung, in: Der Spiegel Nr. 15, 1985, S. 158-177

(5)   Schmidt-Harzbach, Ingrid: Die Lüge von der Stunde Null, in: Courage, Nr.6, 1982a, S. 33-40

(6)   Delille, Angela, Andrea Crohn: Blick zurück aufs Glück Frauenleben und Familienpolitik in den 50er Jahren, EP 149, Elefanten Press, Berlin 1985, S.116

(7)   Grundgesetz für die Bundesrepublik Deutschland Art 3, Abs.2, 08.05.1949, in: https/www.gesetze-im-internet.de/gg/

(8)   vgl. Schmidt-Harzbach, 1982a, S. 31

(9)   Schmidt-Harzbach, in: Courage Nr. 6, 1982a, S. 39

(10)   Schmidt-Harzbach, Ingrid: Nun geht mal beiseite, ihr Frauen!, in: Courage Nr.7 1982b S. 52

(11)   Kreuzer, Margot D.: Prostitution Eine sozialgeschichtliche Untersuchung in Frankfurt a.M. Von der Syphilis bis AIDS, Stuttgart, Schwer Verlag, 1988, S.222-23

(12)   Kreuzer, 1988, S. 233

(13)   Magistratsakten der Stadt Frankfurt am Main 1951/1952ff

Kapitel 2 Die prüden 50er Jahre

(14)   Informationsblätter zu der Ausstellung »Frauenalltag und Frauenbewegung in Frankfurt 1890 – 1980«, Historisches Museum, Frankfurt, 1981

(15)   Kinsey, C. Alfred: Das sexuelle Verhalten des Mannes, dt. Ausgabe, Berlin und Frankfurt am Main, Fischer Verlag, 1964

(16)   Schon, Manuela: Ausverkauft! Prostitution im Spiegel von Wissenschaft
        und Politik, Hamburg, Verlag und Druck tredition, 2021, S. 24

(17)   Koch, Fritz: Verwaltete Lust Stadtverwaltung und Prostitution in Frank-
        furt am Main 1866-1968, 2010, Evelyn Brockhoff (Hg.), Studien zur Frank-
        furter Geschichte, Band 58, Frankfurt am Main und Wiesbaden, Marixver-
        lag, 2010, S. 267 f

(18)   Rosalia Annemarie Nitribitt wurde 1933 als uneheliches Kind geboren.
        Sie kam mit 3Jahren in ein Waisenhaus und mit 5 Jahren in eine Pflege-
        familie. Mit 11J. wurde sie vergewaltigt und mit 14 Jahren soll sie sexuel-
        len Kontakt mit französischen Soldaten gehabt haben. Sie kam daraufhin
        in ein Erziehungsheim, aus dem sie entfloh. Im gleichen Alter hatte sie
        eine Abtreibung. Sie wird mehrmals polizeilich aufgegriffen und wegen
        »gewerblicher Unzucht« in ein Arbeitshaus gesteckt. Auch da kann sie
        fliehen. 1951 wurde sie wegen Landstreicherei verhaftet und kam in ein
        Frauenheim. Mit 20 wird sie aus der Fürsorgeerziehung entlassen. 1953
        kehrte sie dann nach Frankfurt zurück und arbeitete zunächst als Bar-
        dame und Prostituierte. In Annoncen bezeichnete sie sich als Mannequin.
        Sie ließ sich von einem Hauslehrer unterrichten und sprach Englisch und
        Französisch.

Kapitel 3 Die 60er Jahre und die »sexuelle Revolution«

(19)   Eder, Franz X.: Liberalisierung und Kommerzialisierung der Sexualität in
        der zweiten Hälfte des 20. Jahrhunderts, in: Soziale Dimension der Sexuali-
        tät, (Hg.) Benkel, Thorsten, Fehmi Akalin, Beiträge zur Sexualfoschung Bd.
        94, Gießen, Psychosozialverlag, 2010, S.166

(20)   Das waren noch Zeiten – Die 60er Die Sexwelle: http//www.das waren noch
        zeiten.de/Sexwelle

(21)   unter 21J. war noch eine Erlaubnis der Eltern vonnöten, weil das Volljährig-
        keitsalter erst 1974 von 21 auf 18Jahre gesenkt wurde

(22)   Marcuse, Herbert: Er bezieht den sexualpsychologischen Begriff Reichs in
        seinem Buch Der eindimensionale Mensch auch auf die Kultur der Industrie-
        gesellschaften. Er prägte den Begriff der repressiven Entsublimierung

(23)   Majewska, Magda: Befreiung oder Flexibilisierung? Sexualwissenschaft,
        amerikanische Gegenkultur und die Idee der sexuellen Revolution, in: Sexu-
        ologie, Bd. 26, Heft 3-4, 2019, S.121

(24)   Die erste Welle wird auf Anfang des Jahrhunderts, bis zur Erreichung des
        Frauen-Wahlrechts 11/1918 datiert

(25)   CheSchahShit,Die sechziger Jahre zwischen Cocktail und Molotow, Berlin,
        Elefanten Press, 1984, S. 173

(26)   Das waren früher kleine Lebensmittelläden mit einer Theke und Bedienung.

Sie wurden nach und nach durch die modernen Selbstbedienungsläden/ Supermärkte ersetzt

(27)   Herzog,Dagmar: Sexuelle Traumatisierung und traumatisierte Sexualität Die westdeutsche Sexualwissenschaft im Wandel, in: Baader, Sophia, Meike Christian Jansen, Julia König, Christin Sager (Hg.) Tabubruch und Entgrenzung. Kindheit und Sexualität nach 1968, Beiträge zur historischen Bildungsforschung, Bd. 49, Köln, Böhlau Verlag, 2017, S. 37 f.

(28)   Baader, Meike Sophia, Christian Jansen, Julia König, Christin Sager (Hg.): Zwischen Politisierung, Pädosexualität und Befreiung aus dem »Getto der Kindheit« Diskurse über die Entgrenzung von kindlicher und erwachsener Sexualität in den 1979er Jahren, in: Baader, Meike Sophia et.al, Tabubruch und Entgrenzung Kindheit und Sexualität nach 1968, Beiträge zur historischen Bildungsforschung, Bd. 49, Köln, Böhlau Verlag 2017, S.55

(29)   Schorsch, Eberhard: zit. in: Dannecker, Martin: Das Drama der Sexualität, Frankfurt/Main, Athenäum, 1987, S.73

Kapitel 4 Die 70er Jahre – Einstellungswandel

(30)   Herzog, Dagmar: Die Politisierung der Lust Sexualität in der deutschen Geschichte des 20. Jahrhunderts, München, Siedler Verlag, 2005, S.157

(31)   Schwarzer, Alice: Lebenslauf, Köln, Kiepenheuer & Witsch, 2012, S. 235ff

(32)   Kuhn, Annette: (Hrg.) Die Chronik der Frauen, Chronik Verlag, Dortmund 1992, S. 569

(33)   EMMA wurde im Januar 1977 von einem Kollektiv um Alice Schwarzer gegründet, die nach wie vor Herausgeberin und Chefredakteurin ist und die Frauenzeitschrift COURAGE erschien von 1976 bis 1984 monatlich

(34)   vgl. EMMA: Die Chronik der Frauenbewegung, 2012

(35)   Zeit online 7.4.14

(36)   Kuhn, S. 589

(37)   Beauvoir, Simone: Das andere Geschlecht Sitte und Sexus der Frau, Reinbek bei Hamburg, 19 Rowohlt Verlag 1974. Die Erstauflage erfolgte schon 1949 in Paris unter dem Titel: Le Deuxième Sex und 1951 auf deutsch.

(38)   Masters, W.H., V.E. Johnson: Die sexuelle Reaktion, Hamburg, rororo Taschenbuch, 1970

(39)   vgl. Janssen-Jurreit, Marielouise: Sexismus Über die Abtreibung der Frauenfrage, Hamburg, Fischer Taschenbuch, 1979, S.535

(40)   Hite,Shere: Hite Report Das sexuelle Erleben der Frau, 1976, deutsch: München, Goldmann Sachbuch, 1980

(41)   Kreuzer, 1988, S.27

(42)   Ussel, Jos van: Sexualunterdrückung, Geschichte der Sexualfeindschaft

Texte zu Sozialgeschichte und Alltagsleben, Gießen, Focus-Verlag 1977, S. 217

(43) Damit wird die Lohnlücke oder das geschlechtsspezifische Lohngefälle, bezeichnet

(44) Tagesschau.de 09.10.2023, Nobelpreis für Claudia Goldin: Als dritte Frau hat die Ökonomin Claudia Goldin den Nobelpreis für Wirtschaftswissenschaften erhalten, für die Aufdeckung der wichtigsten Ursachen für geschlechtsspezifische Unterschiede auf dem Arbeitsmarkt

(45) Janssen-Jurreit, 1979, S. 320

(46) Kreuzer, 1988, S. 265

(47) Kreuzer, 1988, S.267f

(48) Kreuzer, 1988, S. 272f

(49) Kreuzer, 1988, S.273

(50) Kreuzer, 1988, S.277

(51) Barry, Kathleen: Sexuelle Versklavung von Frauen, Berlin, Sub-rosa Frauenverlag,1983, S. 87

(52) Remling, Jürgen, Kapitulation vor dem Verbrechen, in: Polizei, Technik, Verkehr, Sonderausgabe zur 49. Internationalen Automobilausstellung Frankfurt am Main, 1981, S. 28

(53) Kreuzer, 1988, S. 179

(54) Kreuzer, 1988, S. 296

Kapitel 5 Die 80er Jahre – Jahrzehnt der Angst

(55) Kreuzer, 1988, S.305f

(56) Süssmut, Rita: Aids Wege aus der Angst, Hamburg, Hoffmann und Campe, 1987

(57) Der Spiegel, 23.02.1986 Pass auf dem Nachttisch, »Berufsverbote gegen Aids infizierte Prostituierte«, S.209

(58) Der Ausdruck hwg war bei den Gesundheitsämtern früher üblich für Prostituierte. Als eine Person mit hwg (häufig wechselndem Geschlechtsverkehr) konnte schon eine Frau die mehr als drei Geschlechtspartner hatte, eingestuft werden. Dies bedeutete, dass sie beim Gesundheitsamt als Prostituierte registriert wurde und sich wöchentlichen Zwangsuntersuchungen zu unterziehen hatte.

(59) www.ärztezeitung.de, 12.07.2010

(60) Der Spiegel Nr. 42, 1985, S.18

Kapitel 6 Die 90er Jahre – Aufbruch, Umbruch – Lustlosigkeit

(61) Internet (interconnected networks, zusammengeschaltete netzwerke, kurz: Netz) wikipedia.org/wiki/Internet, Juni 2024

(62) Wolf, Naomi: »Der Mythos Schönheit« zit. nach Stockowski, in: Der Spiegel 30/2017, S.47

(63) Stämpfli, Regula: Die Scham ist vorbei, https://www.emma.de/artikel/ politisch-korrekt-die-scham-ist-vorbei-263718

(64) Büttner, Melanie., A. Schadwinkel, S. Stockrahm, Ist das normal? Sprechen wir über Sex, wie du ihn willst, Beltz Verlag, 2020, S.180-182

(65) Korte Alexander: Pornografie und psychosexuelle Entwicklung im gesell- schaftlichen Kontext, Psychoanalytische, kultur- und sexualwissenschaft- liche Überlegungen zum anhaltenden Erregungsdiskurs, Bd. 107 Beiträge zur Sexualforschung, Gießen, Psychosozial-Verlag, 2018, S.54

(66) DocCheck: Intimchirurgie: Der neue Vulvawahn, 27.09.17

(67) Mit Foto-Kampagnen ließen Frauen ihre Vulven fotografieren und stellten die Fotos zur öffentlichen Betrachtung ins Netz

(68) Büttner et.al, 2020, S. 164-172

(69) Intimpiercing: https://Wikipedia.org/wiki/Intimpiercing, 14.06.2024

(70) Eder, S. 171

(71) Kring, Brunhild: Sexuelle Appetenzstörungen – diagnostische Abklärung und Behandlung, in: Buchheim, P, M. Cierpka, Th. Seifert (Hrsg.) Lindau- er Texte, Sexualität – zwischen Phantasie und Realität, Buchheim, P, M. Cierpka, Th. Seifert (Hrsg.) Berlin, Heidelberg, 1997, S.151

(72) Eder, 171

(73) Schmidt, S. 33f

(74) Eder., 170

(75) Käsch, Sandra: Veränderung der Prostitutionsformen: von 1949 bis heute, in: Prostitution Ein Handbuch, (Hrsg.) HWG e.V., Red.: Christine Drössler, Jasmin Kratz, Marburg, Schüren Verlag, 1994, S.62-63

(76) Käsch, S. 63

Kapitel 7 Die 2000er Jahre – Trends im neuen Jahrtausend

(77) Flitner, Bettina: Frauen mit Visionen 48 Europäerinnen, mit Texten von Alice Schwarzer, Sonderausgabe München Knesebeck Verlag München, 2006, S.144

(78) Zeit Online, 20.02.23

(79) Der Spiegel 40/23

(80) Freiwillige lassenlassen sich Tag und Nacht zur Massenbespaßung filmen.

(81) Der Spiegel 20/2016, S. 126f.

(82) Der Spiegel 35/2023, S 103 ff

(83) Engelken, Eva: Trans*innen? Nein danke! Warum wir Frauen einzigartig sind und bleiben, Selbstverlag, 2022

(84) Schwarzer, Alice, Chantal Louis (Hrsg.): Trans Sexualität Was ist eine

Frau? Was ist ein Mann? Eine Streitschrift, Köln, Kiepenheuer & Witsch, 2022

(85) Schon, Manuela: Raus aus dem Genderkäfig! Der Kampf der Frauenbefreiung im 21. Jahrhundert, Ahrensburg, tredition,

(86) Rowling, J.K.: Frauen werden abgeschafft!, in: EMMA, 2/20

(87) EMMA 4/2023,

(88) James, E L: Shades of Grey Geheimes Verlangen, München, Goldmann Verlag München, 2012

(89) Endrass, Jérome, Astrid Rossegger, Bernd Borschard: Pornographiekonsum und (sexuelle) Aggression Eine forensisch-psychologische Betrachtung, in: Merk, Agatha (Hg.): Cybersex, Bd.97 Beiträge zur Sexualforschung, Gießen, Psychosozial-Verlag, 2014f

(90) Eder, S.170f

(91) Alisch, S. 115-116

(92) Tibi, Bassam: Syrien und Deutschland, in: Schwarzer, Alice, Der Schock Die Silvesternacht von Köln, Kiepenheuer & Witsch Köln, 2016, S.91

(93) Grach, Katja: MILF Mädchenrechnung Wie sich Frauen heute zwischen Fuckability-Zwang und Kinderstress aufreiben, Berlin, Schwarzkopf & Schwarzkopf Verlag, 2018, S. 9f.
      * die dritte Welle der Frauenbewegung kommt aus den USA und ist eine Reaktion auf den populären Antifeminismus. Die Ziele der dritten Welle der Frauenbewegung sind die der Zweiten, die auch heute noch nicht erreicht wurden. Fehler sollen korrigiert werden. Außerdem geht es um das Infragestellen von problematischen Identitätskonzepten

(94) Grach, S.15

(95) Grach,, S. 25

(96) Pastötter, Jakob: 2008 und https://de.wikipedia.org

(97) Grach, ebd., S.36

(98) Grach, ebd., S. 99

(99) Maya Maga, 2019, in: Künkel, Jenny & Schrader Katrin, Sexarbeit, Feministische Perspektiven, unrast transparent, geschlechterdschungel, Bd. 10, Münster, 2019, S.51f.

(100) #Metoo, Wikipedia 2021

(101) Luis, Chantal, in: EMMA Nr. 6, 11/12 2018, S. 6-7
       Vgl. Kaiser, Susanne: Backlash die neue Gewalt gegen Frauen, Tropen Verlag, 2023 und Clemm, Christina: Gegen Frauen Hass, Hanser Verlag, Berlin, 2023

(102) Sigusch, Volkmar: NeoSexualitäten Über den kulturellen Wandel von Liebe und Perversion, Frankfurt/New York, Campus Verlag, 2005

(103) vgl.Sigusch, Volkmar: Kritische Sexualwissenschaft und die Große Erzählung vom Wandel, in: Sexualität und Spätmoderne, Schmidt G; Strauß, B.,

(Hg). Bd. 76 Beiträge zur Sexualforschung 2002, Psychosozial Verlag, S.11-27 und https://de.wikipedia.og/wiki/Neosexuelle_Revolution, 2023

(104) Der Spiegel 50/13

(105) https://de.wikipedia.org/wiki/Dolly_(Schaf), 2023

(106) ZDF »37 Grad: Wisch und Weg«: Tinder – Abkürzung zum Verlieben? 06.04.21, 22:15

(107) Korte, Alexander: Pornografie und Jugendsexualität, in. Korte, 201 Korte Alexander: Pornografie und psychosexuelle Entwicklung im gesellschaftlichen Kontext Psychoanalytische, kultur- und sexualwissenschaftliche Überlegungen zum anhaltenden Erregungsdiskurs, Bd. 107 Beiträge zur Sexualforschung, Gießen, Psychosozial-Verlag, 2018, S.63 63 und Freitag, Tabea: Online-Pornografie-wenn virtuelle Leidenschaft Leiden schafft, Psychotherapie Aktuell 3.2021

(108) Wosnitzer, Robert, Erica Scharrer, Anna Bridges: Pornografie – Wikipedia: Darstellung von Gewalt und Sexualpraktiken in der Mainstream-Pornografie, Studie von 2006, wikipedia.org, 08.06.24

(109) Korte, S. 53f und 191f

(110) Schmidt, 2014, S. 35ff

(111) Guillebaud, Jeane-Claude, Die Tyrannei der Lust Sexualität und Gesellschaft, München, Luchterhand, 1999

(112) Schmidt, S.37

(113) Von der Antike bis heute zieht sich diese Verleugnung des Körperempfindens wie ein roter Faden durch die Geschichte. 1875 wurde die weibliche Klitoris zum überflüssigen Organ erklärt. Sie wurde verdächtigt Hysterie, Epilepsie und »andere Formen des Wahnsinns« zu verursachen. Im 18.Jh. wurde die Masturbation bei jungen Männern als »auszehrende Erkrankung«, gebrandmarkt, die mit Rückenmarksschwindsucht etc. unweigerlich zum Tode führt. vgl. Berberich H.,100 Jahre Sexualwissenschaft und Sexualpolitik. Hessisches Ärzteblatt 9/2006, S. 643-646 und Borkenhagen, Ada Das weibliche Genitale als öffentlicher Ort, Weibliche Genitalchirurgie als Normalisierungspraktik. In: Wimmer-Puchinger, Beate, Karin Gutiérrez-Lobos, Anita Riecher-Rössler (Hrsg.) Irrrsinnig weiblich- Psychische Krisen im Frauenleben Hilfestellung für die Praxis, Berlin-Heidelberg, Springer, 2016, S.46f

(114) Sigusch,Volkmar, NeoSexualitäten 2005, S. 20ff.

(115) Sigusch, Volkmar: in: Der Spiegel 48/00

(116) Sigusch, Volkmar: Das Sex ABC,Frankfurt/New York, Campus Verlag, 2016, S. 183f.

(117) Sigusch, 2016, S.182

(118) Stokowski, Margarete: Untenrum frei, Reinbek bei Hamburg, Rohwohlt Taschenbuch, 2020, S.9

(119) tipBerlin:»Cybrothel« Zu Besuch in Berlins erstem Puppenbordell, 22.06.2022

(120) der Freitag: »Konjunktur der Männlichkeit«. Die rechte Sexualitätspanik, 03.12.2023

(121) Horsthemke, Sina: »Es gibt belastbare Zahlen, die nicht weniger erschreckend sind«, spektum.de, 26.06.2023

(122) Benz, Anton: Gewaltbereitschaft junger Männer: Männlichkeit in Gefahr, spektrum.de, 20.02.2023

(123) AIDS-Geld, Lobbyarbeit und Hurenprojekte: http://abolition2014.blogspot. de/2015/07/aids-geld-lobbyarbeit-und-hurenprojekte 30.html, 30.07.2015

(124) Im Jahr 2000 heißt es in den USA: Ärztinnen und Biologinnen begründen eine neue Frauenbewegung den »Femalismus« (von female=Weib, weiblich) im Gegensatz zum Feminismus (feminin=fraulich). Nicht die Frau in der Gesellschaft zu befreien sei das Ziel, sondern das »Wesen des Weiblichen zu erfassen«. Sie wollen die Bedeutung der Frau im Bereich Evolution und Biologie erweitern und erneuern. Annie Sprinkle (Pornostar und Ex-Prostituierte, die sich selbst als Chauvi-Schwein bezeichnet) präsentiert vor hunderten von Zuschauern ihre Genitalien. Jeder konnte mit einer Taschenlampe in sie hineinschauen. Sie wollte damit den Schleier der Unwissenheit lüften. (Der Spiegel 30/00, S. 74 ff.) Diese Bewegung betrieb Lobbyarbeit, was aber im Spiegel-Artikel nicht als solche gekennzeichnet wurde.

(125) http://abolition2014.blogspot.de/2015/07(aids-geld-lobbyarbeit-und-hurenprojekte 30.html,30.07.2015,

(126) DGfS; Digitaler Donnerstag, Thema: Sexarbeit zwischen Mythen und Realität, Harriet Langanke (Journalistin) und Daria Oniér (Domina und Sprecherin des Berufsverbandes BesD)

(127) Auf der Jahrestagung der Deutschen Gesellschaft für Psychosomatische Frauenheilkunde und Geburtshilfe (DGPFG) 2017 hat die Gynäkologin Dr. D. Kimmich-Laux, die Sprechstunden in HH für drogenabhängige Prostituierte anbietet zusammen mit Frau Morgenroth vom BesD die Aktion »Roter Stöckelschuh« ins Leben gerufen. Die Aktion wird vom Verein Frauen fördern die Gesundheit e.V und deren Vorsitzenden Frauenärztin. Dr. med. Brigitte Klein unterstützt. FrauenärztInnen sollen mit einem Aufkleber im Eingangsbereich, auf dem ein roter Stöckelschuh abgebildet ist signalisieren, dass sie das Projekt unterstützen. Projektträger des Berliner Modellprojekts, das auch Fortbildungen für ÄrztInnen geplant hatte, ist der Berufsverband erotische und sexuelle Dienstleistungen e.V. (BesD). Deutsches Ärzteblatt, Jg.114, Heft 15, 14.04.2017

(128) Biermann, Pieke: »Wie sind Frauen wie andere auch«, Argument Verlag, 1980/2014

(129) F., Christiane: »Wir Kinder vom Bahnhof Zoo«,

(130) F., Christiane: Fernsehserie, Wikipedia, 2021

(131) HWG – Huren Wehren sich Gemeinsam, wurde 1984 federführend von der Autorin als Selbsthilfe-Verein (zusammen mit Sylvia Kurfürst und Beate Collin) zwischen Prostituierten und Nichtprostituierten im Rahmen ihrer Promotions-Forschungstätigkeit gegründet. Treffpunkt war das Stadtteilbüro Gutleut in der Karlsruher Str. 5, 5000 Frankfurt/Main.

(132) http://abolition2014.blogspot.de/2015/07(aids-geld-lobbyarbeit-und-huren-projekte 30.html, 30.07.2015

(133) Sporer, Helmut Der neue deutsche Weg Für eine Neuordnung der Prostitutionsgesetzgebung, München, Hans Seidel Stiftung 2022, S. 25

(134) vgl. Kreuzer, S. 115

(135) Huber, Alisia: Hurenstigma. Die politische und gesetzliche Regulierung von Sexarbeit und die Rolle der Sozialen Arbeit, Grin Verlag 2019, S. 19 ff.

(136) Bordell Deutschland, Deutsche Erstausstrahlung: 18.11.2017 (ZDFinfo)

(137) Der Begriff Gangbang kommt aus US-amerikanischen Ghettos und bezeichnet eigentlich eine Gruppenvergewaltigung durch ein kriminelles Kollektiv. Es bezeichnet hier die Penetration einer Frau durch eine Vielzahl an Männern. «Anbieter gangbangartiger Pornographie überbieten sich regelmäßig mit der Zahl der Männer, die eine einzelne Frau penetrieren. Die Frauen werden entweder pro Kunde z.B. 30 € bezahlt oder bekommen im Bordell pro Stunde zwischen 60 und 100€«. Der letzte Gangbang? htttps://www.zitty.de/berlin/

(138) Annika Ross: in: EMMA 4.9.2020

(139) Weisfeld, Michael ARD-Radiofeature, Licht aus im Bordell 30.05.2021

(140) BMFSFJ (Hg.), Lebenssituation, Sicherheit und Gesundheit von Frauen in Deutschland, 2007, http://www.bmfsfj.deRedaktionBMFSFJ/Abteilung4/ Pdf-Anlagen/kurzfassung-gewalt-

(141) BMFSFJ (Hg.) Bericht der Bundesregierung zu den Auswirkungen des Gesetzes zur Regelung der Rechtsverhältnisse der Prostituierten (Prostitutionsgesetz -ProstG), Stand 2007

(142) Günter Gehl (Hrsg.) Prostitutionsland Deutschland? Eine Bilanz nach den Prostitutionsgesetz von 2002, Bertuch Verlag, 2010

(143) BMFSFJ (Hg.) Leitfaden zur gesundheitlichen Beratung nach §10 des Prostituiertenschutzgesetzes, ProstSchG) 2020, S. 82

(144) Deutscher Bundestag, Gesetzentwurf der Bundesregierung, Entwurf eines Gesetzes zur Regulierung des Prostitutionsgewerbes sowie zum Schutz von in der Prostitution tätigen Personen, Drucksache 18/8556, 25.05.2016

(145) Statistisches Bundesamt: Pressenmitteilungen 2023/09, Anmeldungen nach dem ProstschG,

(146) https://www.berliner-kurier.de, 18.11.20

(147) PANORAMA: Prostitution in Corona-Krise: »Die Frauen sind im Dauer-Angstzustand«16.11.21

(148) Neues Deutschland.de/04.10.2021/Politik

(149) Farley, Melissa, Inge Kleine, Kerstin Neuhaus, Yoanna McDowell, Silas Schulz, Saskia Nitschmann: Männer in Deutschland, die für Sex zahlen – und was sie uns über das Scheitern der legalen Prostitution beibringen: ein Bericht über das Sexgewerbe in 6 Ländern aus der Perspektive der gesellschaftlich unsichtbaren Freier, Berlin, 2022

(150) BMFSFJ: Lebenssituation, Sicherheit und Gesundheit von Frauen in Deutschland: Teilpopulation 2 – Prostituierte, 2004, S. 3

(151) TERRE DES FEMMES, #Sex ist unbezahlbar Für eine Welt ohne Prostitution, 08/2019, S.18

(152) Geschätzter Umsatz: 14,5 Mrd. Euro pro Jahr, lt.ver.di. Der Bundesrechnungshof (2014) geht von einem Umsatz von mehreren Milliarden Euro pro Jahr aus.

(153) Kreuzer, 1988, S129. Der Bundesfinanzhof entschied 2013, dass die Einnahmen einer Prostituierten gewerbesteuerpflichtig sind und nicht mehr unter »sonstige Einkünfte« fallen. In Bonn gibt es z.B. seit 2011 einen Steuerticket-Automaten und in Köln wurde 2004 eine kommunale »Sexsteuer« auf Prostitution eingeführt.

(154) Paulus, Manfred: Menschenhandel und Sex-Sklaverei, Wien, Promedia Druck und Verlagsgesellschaft, 2020

(155) Sporer, Helmut Der neue deutsche Weg Für eine Neuordnung der Prostitutionsgesetzgebung, München, Hans Seidel Stiftung 2022

(156) https://www.fondationscelles.org/pdf/RM4/1_Book_Prostitution_Exploitation_ Persecution_Repre ssion

(157) https://merkurist.de/frankfurt/bordellfuehrung-zimmer-auf-sex-etagen-ein-einblick_5Uc)_Fondation_Scelles_ENG.pdf

(158) Artemis: Website

(159) https://www.bundesrechnungshof.de/de/veroeffentlichungen/produkte/ beratungsberichte/langfassungen/langfassungen- 2014/2014-bericht-besteuerung-der-prostitution/at_download/file

(160) Schreiber, Viola: Vortrag auf der Tagung von TERRE DES FEMMES zum Thema Prostitution in Frankfurt 2010, 2008

(161) BMFSFJ: Lebenssituation, Sicherheit und Gesundheit von Frauen in Deutschland; 2004, S. 542ff https://bmfsfj.deblob/84328/0c83aab6e685eeddc01712109bcb02b0/ langfassung-studie-frauen-teil-eins-data.pdf

(162) Schon, Manuela: Sex Industry Kills: Ein Dokumentationsprojekt über Morde in der legalen deutschen Sexindustrie, in: Ausverkauft! Prostitution im Spiegel von Wissenschaft und Politik, S. 346ff

(163) Mack, Elke, Ulrich Rommelfanger: Sexkauf Eine rechtliche und rechtsethische Untersuchung der Prostitution, Nomos Verlagsgesellschaft, Baden.Baden, 2023

(164) Bissinger, Liane: Körperliche Schäden der Prostitution – Bericht einer Frauenärztin aus der offenen Arbeit. Abolition 2014, http://abolition2014.blogspot.com/2019/11/körperliche-schaden-der-prostitution.html

(165) Huber, Michaela: Trauma und Prostitution aus traumatherapeutischer Sicht, 2015, https://www.michaelahuber.com/files/vortraege2014/trauma-und-prostitution-aus traumatherapeutischer-sicht.pdf

(166) Kreuzer, Margot D.: Psychische Folgen der Prostitution, unveröffentlicher Vortrag der AG-Gesundheit, Bündnis Nordisches Modell, 2023

(167) Kreuzer, Margot D.: Überlebensstrategie Prostitution, Online-Vortrag, gehalten am 18.05.2022, im Rahmen der Vortragsreihe: Psychoanalyse auf der Roten Couch, sowie im Rahmen der Frankfurter Psychoanalytischen Freitagsrunde »Psychoanalyse und Trauma« am 08.12.2023und aus Anlass des Int. Frauentages am 08.03.2023, www.dr-margot-d-kreuzer.de

(168) Sommercamp 2023, NetzwerkFrauenRechte, eine Betroffene, Anfang 2024

(169) CAP-International: https://de.wikipedia.org/wiki/Nordisches_Modell_f%C3%BCr_Prostitution, zuletzt abgerufen,18.06.2024

(170) https://de.wikipedia.org/wiki/Nordisches_Modell_f%C3%BCr_Prostitution, abgerufen, 31.08.2023

(171) https://www.tagesschau.de: 14.09.2023, EU-Parlament fordert einheitliches Vorgehen gegen Prostitution

(172) Terre des Femmes, ww.frauenrechte.de: Positionspapier zu Prostitution, 2023

(173) https://www.bundesverband-nordischesmodell.de

(174) Der Spiegel Nr.26, 24.06.2023: »Wir werden uns schämen«, S.44ff

(175) https://www.welt.de: 07.11.2023, Unionsfraktion im Bundestag fordert Sexkaufverbot

(176) https://www.zdf.de:15.11.2023, Scholz: »Nicht akzeptabel, wenn Männer Frauen kaufen«

Kapitel 8 Fazit – Zusammenfassung

(177) Die unbefleckte Mutter Gottes, läßt grüßen. Sie wurde ohne sexuelle Lust und Empfängnis schwanger und brachte, Jesus, Gottes Sohn zur Welt. Leider, oder Gott sei Dank, gab es die unbefleckte Empfängnis damals noch nicht.

(178) Hegener, Wolfgang: Die Ambivalenz des Ursprungs, in: Irene Berkel (Hg.) Postsexualität, Bd. 92

(179) Beiträge zur Sexualforschung, Psychosozial-Verlag 2009, S. 129 f

(180) Hegener, S. 131

Bildquellennachweis

1. Bauhilfsarbeiterinnen wurden sie offiziell genannt. Aber als »Trümmerfrauen« sind sie in die Geschichte eingegangen. © picture alliance / dpa / Wolfgang Etzold

2. Anfang Achtundvierzig Rückblick auf die erste Frankfurter Messe nach dem Krieg und das Jahr 1948, Ausstellung in der Kongreßhalle 24.08.-01.09.1985, Hrg. Messe Frankfurt GmbH, Brönner Verlag, Frankfurt, S.85

3. Frieda Nadig, Elisabeth Selbert, Helene Weber und Helene Wessel (von links) sind die vier Mütter des Grundgesetzes. Foto: Bestand Erna Wagner-Hehmke, Stiftung Haus der Geschichte, Bonn

4. »Sitzen Sie richtig?« Schönheitsregeln aus Constanze Schönheit 1960, Deutsche Bibliothek Frankfurt (Abb.) Informationsblätter zu der Ausstellung »Frauenalltag und Frauenbewegung in Frankfurt 1890-1980, Historisches Museum Frankfurt 1981

5. Die Rhythmusmethode zur Empfängnisverhütung nach Knaus-Ogino: Anette Kuhn (Hrg.) Die Chronik, Chronik Verlag 1992, S. 466

6. Film Programmheft »Die Sünderin« 1951, HMF (Abb.) in: Informationsblätter zu der Ausstellung »Frauenalltag und Frauenbewegung in Frankfurt 1890-1980, Historisches Museum Frankfurt, S.114

7. Sexual behavior in the human female: https://www.srf.ch/static/cms/images/960w/4f3ed4.webp

8. Quelle: Polizeipräsidium Frankfurt am Main

9. Abbildung 9: Informationsblätter zu der Ausstellung »Frauenalltag und Frauenbewegung in Frankfurt 1890-1980, Historisches Museum Frankfurt 1981, S.122

10. Hippies, Quelle unbekannt

11. Die Pille: Anette Kuhn (Hrg.), Die Chronik der Frauen, Chronik Verlag 1992, S. 549

12. Gernreichs »Oben ohne« Badeanzug, in: CheSchaShit, Elefanten Press 1984, S.96

13. Twiggy: Anette Kuhn (Hrg.) Die Chronik, Chronik Verlag 1992, S. 559

14. Oswald Kolle: Dein Mann das unbekannte Wesen, CheSchahShit, Elefanten Press, S.99

15. Wilhelm Reich, Taschenbücher: Fischer Verlag 1975, 1972 und Kiepenheuer & Witsch 1969

16. Foto: Thomas Hesterberg, 1967, Die Kommune 1 der 68er Bewegung

17. Rainer Langhans und Uschi Obermeier, in: Anette Kuhn (Hrg.): Die Chronik der Frauen, Chronik Verlag, Dortmund1992, S. 565

18. Autorenkollektiv Kinderläden, Revolution der Erziehung oder Erziehung zur Revolution, Reinbeck bei Hamburg, Taschenbuch 197

19. Stern 06.06.1971

20. Frauenbuchladen, Quelle unbekannt

21. Plakat »Schrei laut – Gegen Männergewalt ein Frauenhaus, 1976: Informationsblätter zu der Ausstellung »Frauenalltag und Frauenbewegung in Frankfurt 1890-1980, Historisches Museum Frankfurt 1981, S. 147

22. Frauenbücher: Anette Kuhn (Hrg.) Die Chronik, Chronik Verlag, Dortmund 1992, S. 586

23. Beauvoir, S. Das andere Geschlecht Sitte und Sexus der Frau, 1974, gettyimages Credit: Photo Researcher

24. Abb.1a: Der sexuelle Reaktionszyklus des Mannes und der Frau: Master, WH. Johnson, V.E.: Die sexuelle Reaktion. Akademische Verlagsgesellschaft, Frankfurt 1967, Abb.1b: Der sexuelle Reaktionszyklus der Frau, aus: Master, WH. Johnson, V.E.: Die sexuelle Reaktion. Akademische Verlagsgesellschaft, Frankfurt 1967, verschiedene Verläufe (A,B,C)

25. Shere Hite, Hite Report, Das sexuelle Erleben der Frau, Goldmann Sachbuch 1980

26. Razzia in einem Bordell in Bangkok, in: Anette Kuhn (Hrg.), Die Chronik der Frauen, Chronik Verlag 1992, S. 602

27. Peep- Show: https://v.ftcdn.net/04/96/27/30/700_F_496273026_qykmMnrtbIpp1YLzo3D8nAh0XJycUSYa_ST.mp4

28. Der Spiegel Nr. 23 aus dem Jahr 1983: Tödliche Seuche AIDS Die rätselhafte Krankheit

29. Aufklärungsbroschüre: Informationen zu AIDS für Prostituierte, HWG e.V. (Hrsg.) Kreuzer, Margot D. 1986

30. Aufklärungsflyer: Frauen und AIDS, HWG e.V. (Hrsg.), Kreuzer, Margot D. 1987

31. Der perfekte Körper: Quelle: unbekannt

32. Foto von Letícia Lua: https://www.pexels.com/de-de/foto/person-die-grunblattrige-pflanze-zwischen-den-fussen-halt-3140020/

33. Viagra: Foto von imagepointfr

34. Hauch, Margret: Paartherapie bei sexuellen Funktionsstörungen und sog. sexueller Lustlosigkeit: Das Hamburger Modell, Tabelle 1. Veränderungen des Erscheinungsbildes sexueller Probleme in den letzten zwei Jahrzehnten, 1997, S.162

35. Schmidt, Gunter Das neue DERDIEDAS, Psychosozial-Verlag 2014, S.36

36. Das Bild wurde einen Tag, bevor Merkel mit dem Karlspreis ausgezeichnet wurde, in Aachen am 30.04.2008 aufgenommen. Quelle: https://creativecommons.org/licenses/by-sa/2.5/

37. https://i.pinimg.com/originals/c1/69/98/c16998016c59cca-476055359ba65535b.jpg

38. El James Shades of Grey Geheimes Verlangen, Goldmann Verlag 2012

39. Spermahandel in Aarhus: https://lh3.googleusercontent.com/p/AF1Qip-MVp50O_616IVbopfbmWzE6R1hL0k2V2NnJBZFU=s1360-w1360-h1020

40. DNA: https://www.wissenschaft.de/wp-content/uploads/2/2/22-03-31-dna.jpg

41. Spiegel 2/2000, Untertitel: »Wer Cybersex für Liebe hält, ist reif für die Psychiatrie!«, S. 93

42. https://cybrothel.com/_next/image?url=https%3A%2F%2Fbacken

43. https://cybrothel.com/_next/image?url=https%3A%2F%2Fbackend.cybrothel.com%2Fwp-content%2Fuploads%2F2022%2F09%2Fkokeshi-325744_13.jpg&w=1200&q=75ybrothel.com%2Fwp-content%2Fuploads%2F2021%2F03%2F01-scaled.jpg&w=1200&q=75

44. Christiane F. Wir Kinder vom Bahnhof Zoo, Kai Hermann, Horst Rieck, Christiane F., Carlsen Verlag 2017

45. Nationalitäten der in Deutschland in der Prostitution tätigen, Quelle: Statistisches Bundesamt 2019

46. Nachgefragte Praktiken, Quelle: Heiliger (o.J.)

47. Sichtweise von Freiern: Quelle: die unsichtbarenmaenner.woldpress.com

48. Meist verwendete Begriffe von Freiern für das Verhalten von in der Prostitution tätigen Frauen: Quelle: die unsichtbarenmaenner.woldpress.com

49. Von Freiern verwendeten Begriffe: Quelle: die unsichtbarenmaenner.woldpress.com

50. Die Säulen des Nordischen Modell. Quelle: EU-Resolution 2014

Über die Autorin

Margot D. Kreuzer ist Fachärztin ist Fachärztin für Psychosomatische Medizin und Psychotherapie, Psychoanalyse, Traumapsychotherapie und Sexualtherapie und in eigener Praxis tätig. Über den 2. Bildungsweg hat sie Medizin studiert und ihre Doktorarbeit bei Prof. Sigusch über das Thema Prostitution in Frankfurt am Main verfasst. Der Selbsthilfeverein HwG (Huren-wehren-sich-gemeinsam) in Frankfurt wurde von ihr iniziiert.  Während ihrer mehrjährigen Kliniktätigkeit, war sie, u.a. an der Universitätsklinik Frankfurt und der KVH (Kassenärztlichen Vereinigung Hessen), mit der Fortbildung von Ärzten zum Thema AIDS betraut. Ihr Praxisschwerpunkt sind sexuelle Störungen aller Art und insbesondere sexuell traumatisierte Frauen. Sie engagiert sich bei mehreren Organisationen (TERRE DES FEMMES, Runder Tisch »Häusliche Gewalt«, in Stadt und Land Rosenheim, Aktionsbündnis Rosenheim, Traumanetzwerk, Bundesverband Nordisches Modell) für Frauenrechte und gegen sexuelle Gewalt. Mehr zu Margot D. Kreuzer, zu Hintergrundinformationen, Vorträgen und Veröffentlichungen finden Sie auf ihrer Website www.dr-margot-d-kreuzer.de